项目资助：中国科学院发展规划局项目"2020创新发展相关战略研究"（E0X02116）；
国家社会科学基金重大项目"创新引领发展的机制与对策研究"（18ZDA101）

2020
中国制造业创新发展报告

Report on China's Manufacturing Innovation and Development

穆荣平 郭京京 ◎ 主 编

科学出版社
北 京

内容简介

《2020中国制造业创新发展报告》持续聚焦制造业创新发展，包括主题报告和技术报告两大部分。主题报告以"全方位推进开放创新，助力制造业高质量发展"为主题，在分析主要国家和地区积极推动制造业开放创新政策与举措的基础上，梳理了中国制造业开放创新的现状与问题，提出中国制造业开放创新的政策取向。技术报告运用中国制造业创新能力测度指标体系，从创新实力和创新效力两个方面表征制造业创新能力，从创新投入、创新条件、创新产出、创新影响四个方面表征创新实力和创新效力，从创新能力、创新实力、创新效力、创新激励政策等方面全面分析2010～2018年中国制造业创新发展态势与特征；遴选了27个行业进行比较，系统分析了中国制造业重点产业的创新能力和创新激励政策演进态势与特征，并对重点产业中的典型企业创新能力建设及提升过程进行了深入的案例研究。

本报告是面向决策和面向公众的研究报告，有助于政产学研和社会公众了解中国制造业发展趋势与格局、制造业创新发展战略和政策，可供各级政府相关部门决策和政策制定参考。

图书在版编目（CIP）数据

2020中国制造业创新发展报告 / 穆荣平，郭京京主编. --北京：科学出版社，2022.7
 ISBN 978-7-03-072123-5

Ⅰ. ①2… Ⅱ. ①穆… ②郭… Ⅲ. ①制造工业-工业发展-研究报告-中国-2020 Ⅳ. ① F426.4

中国版本图书馆CIP数据核字（2022）第066089号

责任编辑：侯俊琳　牛　玲　刘巧巧 / 责任校对：杨　然
责任印制：师艳茹 / 封面设计：有道文化

科学出版社 出版
北京东黄城根北街16号
邮政编码：100717
http://www.sciencep.com

中国科学院印刷厂 印刷
科学出版社发行　各地新华书店经销
*
2022年7月第　一　版　　开本：720×1000　1/16
2022年7月第一次印刷　印张：11 3/4
字数：200 000

定价：89.00元
（如有印装质量问题，我社负责调换）

《2020中国制造业创新发展报告》

编 委 会

主　编：穆荣平　郭京京

成　员：康　瑾　马　双　池康伟　任志鹏
　　　　张汉军　郭　鑫　王雪璐　王　玉

前　言

制造业创新能力建设与创新发展事关制造强国、质量强国建设大局，是提升国家综合实力和国际竞争力的必然选择。当前，新技术革命与产业变革正在加速重塑国际产业分工格局，创新驱动制造业数字转型高质量发展已经成为世界潮流，正在引发制造业研发、设计、生产、销售等业务流程再造与发展范式转变。中国制造业迫切需要借鉴国外开放创新政策实践经验，深化体制机制改革，全方位推进制造业系统开放与跨界创新，提升制造业开放创新发展能力，构筑制造业创新发展新优势，加快建设制造强国、质量强国。

制造业创新监测与评估是宏观决策的重要依据，已经成为政府和学术界共同关注的问题。2005年起，欧盟每年发布"欧盟产业研发投入记分牌"（EU Industrial Research and Development Scoreboard）；2017年，科睿唯安发布《2017全球创新报告：进无止境》（*2017 State of Innovation Report: The Relentless Desire to Advance*），对12个主要行业的科学研究与专利活动进行分析；2016年起，中国工程院发布"制造强国发展指数"，比较中国与主要制造业国家制造强国综合指数变化情况。2007年2月，中国科学院创新发展研究中心明确研究出版《中国创新发展报告》任务，提出了国家创新发展指数、国家创新能力指数、中国制造业创新能力指数、中国区域创新能力指数等概念和测度理论方法。2009 年 10 月，《2009 中国创新发展报告》发布。2020 年 3 月，中国科学院创新发展研究中心发布了《2019 中国制造业创新发展报告》。《2019 中国制造业创新发展报告》是在继承与发展《2009 中国创新发展报告》中制造业创新能力指数的理论方法基础上，独立发布的第一部聚焦制造业创新发展的年度报告。报告包括主题报告和技术报告两大部分。主题报告以"创新驱动制造业数字转型，加速全球价值链重构"为主题，总结世界制造业创新发展总体态势，分析主要国家制造业创新发展政策与举措，梳理中国制造业创新发展现状与问题，提出了中国制造业创新驱动数字转型发展思路与政策取向。技术报告从创新能力、创新实力、创新效力、创新激励政策等方面全面分析 2008～2016 年中国制造业创新发展态势与特征。

《2020 中国制造业创新发展报告》持续聚焦制造业创新发展，包括主题报告和技术报告两大部分。主题报告以"全方位推进开放创新，助力制造业高质量发展"为主题，总结新冠肺炎疫情期间全球制造业开放创新态势，提出"协同研发、协同设计、协同生产、协同服务和协同发展"的全球制造业开放创新趋势，分析主要国家积极推动制造业开放创新政策与举措，梳理中国制造业开放创新现状与问题，提出了中国制造业开放创新的政策取向。技术报告运用中国制造业创新能力测度指标体系，从创新实力和创新效力两个方面表征制造业创新能力，从创新投入、创新条件、创新产出、创新影响四个方面表征创新实力和创新效力，从创新能力、创新实力、创新效力、创新激励政策等方面全面分析2010~2018年中国制造业创新发展态势与特征，遴选了27个行业进行比较，其中烟草制品业由于行业性质突出，从创新角度与其他行业不具可比性不予分析。技术报告进一步系统分析了中国制造业重点产业的创新能力和创新激励政策演进态势与特征，并对重点产业中的典型企业创新能力建设及提升过程进行了深入的案例研究。

《2020中国制造业创新发展报告》由中国科学院创新发展研究中心组织研究出版，中国科学院科技战略咨询研究院、中国科学院大学、浙江大学相关研究人员参与研究撰写。主编穆荣平负责本报告的总体设计，重要概念、指数框架、指标体系确定，以及第一章的设计、撰写与统稿工作；主编郭京京负责指标体系构建、分析方法设计选定，第一章的部分撰写与统稿工作，以及第二章到第六章的组织与统稿工作。报告具体分工如下：穆荣平、郭京京、康瑾、马双、池康伟负责第一章的撰写，其中第一节由马双执笔，第二节和第四节由康瑾执笔，第三节由池康伟执笔，第五节由郭京京执笔，穆荣平和郭京京负责第一章的统稿工作；张汉军负责第二章和第三章的撰写，郭鑫负责第四章和第五章的撰写，王玉负责第六章第一节、第二节、第三节的撰写，王雪璐负责第六章第四节、第五节、第六节的撰写，任志鹏负责第六章第七节、第八节、第九节、第十节的撰写。王雪璐、王玉主要负责数据搜集、整理和计算，以及图形绘制。浙江大学管理学院吴东、刘潭飞、百文晓、邹帆、林心怡、张宁、杨玟、李昊洋、吴菲负责第六章第一节到第十节企业案例专栏的研究撰写。中国科学院科技战略咨询研究院宋大伟特聘研究员、中国科学院大学柳卸林教授、北京师范大学戚聿东教授、中国科学院科技战略咨询研究院王晓明研究员、中国宏观经济研究院盛朝迅研究员等对本报告的研究提出了有益建议。本报告还得到了中国科学学与科技政策研究会的大力支持。在此一并表示感谢。

《2020中国制造业创新发展报告》是探索推动中国制造业创新发展的有益尝试。囿于本报告研究组对于制造业开放创新思想认识的局限性，本报告一定存在许多值得进一步深入探讨与研究的问题。我们竭诚希望与国内外关注制造业创新发展和创新能力建设的政产学研各界同仁专家一起密切合作，不断丰富制造业创新发展理论，推动中国制造业创新发展实践。

中国科学院创新发展研究中心主任
中国科学院大学公共政策与管理学院院长
穆荣平
2021年12月

目 录

前 言 ··· i

第一章 全方位推进开放创新，助力制造业高质量发展 … 1

第一节 新冠肺炎疫情期间全球制造业开放创新态势 …… 1

一、全球经贸合作区域化趋势日益显著 ······················ 2

二、全球产业链供应链多元化趋势渐显 ······················ 3

三、新冠肺炎疫情期间产业创新合作全球化加快 ············ 4

四、数字赋能产业开放创新拓展新空间 ······················ 6

第二节 面向未来全球制造业开放创新趋势 ···················· 7

一、协同研发 ··· 8

二、协同设计 ··· 8

三、协同生产 ··· 9

四、协同服务 ··· 9

五、协同发展 ·· 10

第三节　主要国家积极推动制造业开放创新 …………… 11
　　一、聚焦重点领域加强开放创新合作 …………………… 11
　　二、加快推进统一开放市场体系建设 …………………… 13
　　三、持续推进制造业产学研深度融合 …………………… 15
　　四、支持制造业数字化转型开放合作 …………………… 17

第四节　中国制造业开放创新现状与问题 ……………… 19
　　一、开放创新环境不断优化，创新要素流动机制亟待完善 … 19
　　二、开放创新平台不断健全，创新主体协同效能亟待提升 … 22
　　三、开放创新能力不断增强，关键核心技术攻关亟待破局 … 25
　　四、创新人才队伍不断壮大，高端人才有效需求亟待扩大 … 27
　　五、开放创新压力不断加大，全球合作创新网络亟待强化 … 28

第五节　中国制造业开放创新的政策取向 ……………… 29
　　一、加强协同研发体系与能力建设，提升制造业技术供给能力 … 30
　　二、加强协同设计体系与能力建设，提升制造业市场响应能力 … 30
　　三、加强协同生产体系与能力建设，提升制造业国际竞争能力 … 31
　　四、加强协同服务体系与能力建设，引领服务型制造发展方向 … 31
　　五、加强协同发展生态与环境建设，推动制造业开放创新发展 … 32

第二章　中国制造业创新能力演进 …………………… 33

第一节　制造业创新能力评价方法 ……………………… 33
　　一、制造业创新能力内涵 ………………………………… 33
　　二、制造业创新能力指数 ………………………………… 34
　　三、计算方法和数据来源 ………………………………… 36

第二节　中国制造业创新能力指数 ……………………… 37

第三节　中国制造业创新实力指数 ……………………… 40

第四节　中国制造业创新效力指数 …………………………… 42

第五节　中国制造业创新实力与创新效力 …………………… 44

第三章　中国制造业创新实力演进 …………………………… 49

第一节　创新投入实力指数 …………………………………… 49

第二节　创新条件实力指数 …………………………………… 52

第三节　创新产出实力指数 …………………………………… 54

第四节　创新影响实力指数 …………………………………… 57

第四章　中国制造业创新效力演进 …………………………… 60

第一节　创新投入效力指数 …………………………………… 60

第二节　创新条件效力指数 …………………………………… 63

第三节　创新产出效力指数 …………………………………… 65

第四节　创新影响效力指数 …………………………………… 68

第五章　中国制造业创新激励政策影响 ……………………… 71

第一节　中国制造业激励指数 ………………………………… 71

第二节　中国制造业激励指数演进 …………………………… 73

第三节　中国制造业激励指数演进解析 ……………………… 74

第六章　中国制造业重点行业创新能力和创新激励政策演进 ………………………………………………… 84

第一节　计算机、通信和其他电子设备制造业 …………… 84

第二节　电气机械和器材制造业 …………………… 93

第三节　交通运输设备制造业 ……………………… 102

第四节　专用设备制造业 …………………………… 111

第五节　通用设备制造业 …………………………… 120

第六节　医药制造业 ………………………………… 129

第七节　仪器仪表制造业 …………………………… 137

第八节　化学原料和化学制品制造业 ……………… 146

第九节　黑色金属冶炼和压延加工业 ……………… 156

第十节　金属制品业 ………………………………… 165

第一章

全方位推进开放创新，助力制造业高质量发展[①]

制造业是立国之本、强国之基，是国家综合实力和国际竞争力的重要标志。当前，新技术革命与产业变革正在加速重塑国际产业分工格局，创新驱动制造业数字转型高质量发展已经成为潮流，迫切需要坚持"开放合作、绿色低碳、价值共创、协同发展"基本原则，把握制造业"协同研发、协同设计、协同生产、协同服务和协同发展"的开放创新大趋势，发挥中国特色社会主义市场经济体制优势，借鉴主要发达国家制造业开放创新政策实践经验，聚焦中国制造业开放创新面临的主要问题，推动制造业重点领域开放创新合作，完善创新要素流动机制和产学研融合发展市场环境，提升制造业开放创新发展能力，重塑制造业创新发展新优势。

第一节 新冠肺炎疫情期间全球制造业开放创新态势

当前，全球科技、经济、社会和环境发展影响因素复杂多变，地缘政治摩擦加剧和新型冠状病毒肺炎（简称新冠肺炎）疫情正在深刻

[①] 本章部分内容，以"制造业开放创新趋势、问题和政策建议"为题，发表于《中国科学院院刊》，参见：http://www.bulletin.cas.cn/zgkxyyk/ch/reader/view_abstract.aspx?file_no=2022Y016&flag=1.

影响世界制造业创新发展格局重塑，全球经贸合作区域化趋势日益显著，全球产业链供应链多元化趋势渐显，产业创新全球化加快，数字赋能产业开放创新拓展新空间，呈现创新驱动制造业数字转型高质量发展态势。

一、全球经贸合作区域化趋势日益显著

受新冠肺炎疫情影响，全球外商直接投资大幅下滑，制造业呈现区域化非均衡复苏趋势，亚洲制造业生产和投资复苏相对较快。根据联合国贸易和发展会议（United Nations Conference on Trade and Development，UNCTAD）的数据[①]，2020年，全球的外商直接投资（Foreign Direct Investment，FDI）流入额从2019年的1.5万亿美元降至约0.859万亿美元，同比减少42.7%，为近15年来的最低水平，如图1-1所示。其中，欧洲的FDI流入额锐减，同比减少超过100%，北美地区的FDI流入额同比减少46%，亚洲发展中经济体的FDI流入额降幅仅为4%。全球跨境并购交易额同比下降10%，其中，欧洲发达经济体同比增加26%，北美发达经济体急剧下降43%，亚洲发展中经济体同比增加31%。

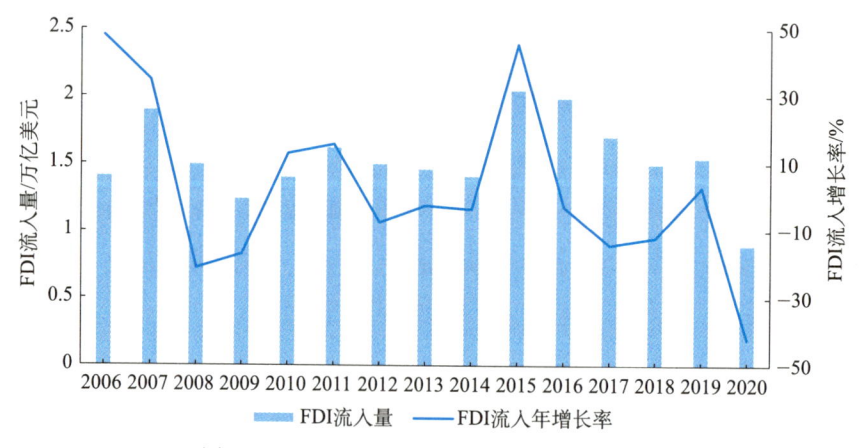

图1-1 2006～2020年全球FDI流入变化情况
数据来源：联合国贸易和发展会议（UNCTAD）数据库

---

① UNCTAD. 2021. Global Investment Trend Monitor, No. 38. https://unctad.org/webflyer/global-investment-trend-monitor-no-38#tab-2 [2021-01-26].

区域投资贸易新协定相继签署,促进了要素跨境流动,优化了区域产业链和供应链布局,加速了全球经贸合作区域化发展进程。2020年7月1日,由美国、加拿大和墨西哥共同签署的《美墨加协定》(The United States-Mexico-Canada Agreement,USMCA)生效,将推进化学制品、乳制品、汽车等行业贸易自由化,促进农业生物技术等方面的合作[1]。2020年11月15日,亚太地区15国正式签署《区域全面经济伙伴关系协定》(Regional Comprehensive Economic Partnership,RCEP),内容涉及中小企业、投资、经济技术合作、货物和服务贸易等十多个领域,旨在有力促进商品、技术、服务、资本以及人员的跨境流动[2]。2020年8月1日,《欧盟与越南自由贸易协定》(The EU-Vietnam Free Trade Agreement,EVFTA)正式生效[3],在药品、机械设备、纺织品等领域实行关税优惠,旨在最大限度地挖掘两个互补市场潜力与优势[4],加快制造业从新冠肺炎疫情冲击中复苏,为欧盟与东盟不同国家进一步缔结自由贸易协定提供范本。2020年12月31日,中国与欧盟达成《中欧全面投资协定》(China-EU Comprehensive Agreement on Investment,CAI),旨在扩大金融业、电信、信息通信技术、制造业、工程和生物技术研发等领域市场准入,以营造更加公平的竞争环境[5]。

二、全球产业链供应链多元化趋势渐显

世界主要国家和地区[6]着力构建更具韧性、更稳定、更多元化的

---

[1] Executive Office of the President. 2020. Agreement between the United States of America, the United Mexican States, and Canada 7/1/20 Text. https://ustr.gov/trade-agreements/free-trade-agreements/united-states-mexico-canada-agreement/agreement-between [2020-11-26].

[2] 张怀水,李彪,张钟尹. 2020. 详解RCEP:15国携手打造超级经济圈,除了零关税,还将带来哪些变化? http://www.nbd.com.cn/articles/2020-11-16/1548679.html [2020-11-26].

[3] European Commission. 2020. Vietnam. https://ec.europa.eu/trade/policy/countries-and-regions/countries/vietnam/ [2020-11-26].

[4] 金丹. 2020.《越南与欧盟自由贸易协定》签署及对越南经济发展影响. 亚太经济,(4):80-88, 150.

[5] European Commission. 2020. Key elements of the EU-China Comprehensive Agreement on Investment. https://ec.europa.eu/commission/presscorner/detail/en/IP_20_2542 [2021-01-10].

[6] 本书中"主要国家和地区"是指美国、日本、欧盟及其成员国等创新能力较强的发达国家和地区。

供应链，靠近市场组织生产和研发，应对新冠肺炎疫情背景下全球产业链和供应链面临的安全稳定风险。新冠肺炎疫情暴发初期全球产业链供应链中断、价值链脆弱性问题凸显，主要国家纷纷推动海外供应链多元化发展。日本于2020年5月26日发布"海外供应链多元化支援项目"申请公告[1]，7月29日与东盟出台"日本东盟经济韧性行动计划"[2]。截至2020年12月2日，共有81家日本企业获得了"海外供应链多元化支援项目"对制造业务转移到东南亚的政府补贴，其中包括横滨橡胶株式会社等位列本行业全球百强榜的企业[3]。2021年1月，欧盟发布《工业5.0：迈向可持续、以人为本、富有韧性的欧洲工业》（Industry 5.0：Towards a Sustainable, Human-Centric and Resilient European Industry）战略报告，将研究和创新作为向可持续、以人为本和有弹性的欧洲产业过渡的驱动力，支持成员国在可持续复苏方面的改革努力，加强欧盟在绿色和数字转型背景下特定领域的战略自主性[4]。2020年，美国波音公司将其飞机布线厂移至墨西哥附近，世界第三大航空航天供应商法国赛峰（SAFRAN）公司也将在墨西哥设立新的波音飞机零部件制造工厂。

三、新冠肺炎疫情期间产业创新合作全球化加快

主要国家和地区完善药品质量监管并开辟应急审批绿色通道，加速新型冠状病毒检测试剂、治疗药物等应急审批，支持产业创新合作全球化。2020年7月，美国辉瑞公司（Pfizer Inc.）和德国拜恩泰科

---

[1] 経済産業省. 2020.「海外サプライチェーン多元化等支援事業」の公募について. https://www.meti.go.jp/information/publicoffer/kobo/2020/k200526001.html [2020-11-26].
[2] Ministry of Economy, Trade and Industry. 2020. Japan and ASEAN produced ASEAN-Japan Economic Resilience Action Plan. https://www.meti.go.jp/english/press/2020/0729_001.html [2020-11-26].
[3] 日本貿易振興機構. 2020. 海外サプライチェーン多元化等支援事業. https://www.jetro.go.jp/services/supplychain/ [2021-01-26].
[4] European Commission. 2021. Industry 5.0：Towards a sustainable, human-centric and resilient European industry. https://msu.euramet.org/current_calls/documents/EC_Industry5.0.pdf [2021-01-26].

（BioNTech）公司与英国达成协议，两大跨国公司合作研发的新冠疫苗通过应急审批获得紧急使用权，向英国提供3000万剂新冠疫苗[1]。中国北京科兴中维生物技术有限公司分别与巴西、印度尼西亚、土耳其和智利等合作进行由其研制的CoronaVac新冠疫苗的Ⅲ期临床试验。到2021年1月，CoronaVac疫苗已相继在印度尼西亚[2]、土耳其[3]、巴西[4]、智利[5]获得紧急使用许可。

主要国家和地区支持信息通信领域跨国公司创新合作全球化布局，应对新冠肺炎疫情可能引发的产业链供应链"断链"风险。2020年10月，三星电子、富士康鸿海、纬创资通、和硕等四家公司受到印度"生产关联激励计划"（Production Linked Incentive Scheme，PLI）资助，在印度扩大手机和电子元器件制造[6]；跨国公司竞相在中国布局研发中心和设立地区总部，加大在华研发投入[7]；中国智能手机制造商OPPO与德国电信、瑞士电信、爱立信公司等开展研发和技术应用合作[8][9]，在

---

[1] 卢杉. 2020. 全球首个！辉瑞/BioNTech新冠疫苗在英国获批紧急使用. https://m.21jingji.com/article/20201202/herald/3fdea6d20fada4d3d94732b0298c4a58.html [2021-01-26].

[2] 余谦梁，郑世波. 2021. 印尼给予中国科兴新冠疫苗紧急使用许可. http://www.jjckb.cn/2021-01/13/c_139663155.htm [2021-01-26].

[3] 杨文静. 2021. 外媒：土耳其批准紧急使用中国疫苗. http://www.sinovac.com.cn/news/shownews.php?id=757 [2021-01-26].

[4] 张远南. 2021. 中国科兴新冠疫苗在巴西获紧急使用许可. http://world.people.com.cn/n1/2021/0119/c1002-32003737.html [2021-01-26].

[5] 尹南，张笑然. 2021. 中国科兴新冠疫苗在智利获紧急使用许可. http://www.xinhuanet.com/world/2021-01/21/c_1127006614.htm [2021-01-26].

[6] Ministry of Electronics & IT. 2020. PLI Scheme to herald a new era in mobile phone and electronic components manufacturing. https://pib.gov.in/PressReleseDetail.aspx?PRID=1662096 [2021-01-26].

[7] 李晓喻. 2020. 外企掀在华布局研发中心热潮. https://www.chinanews.com.cn/cj/2020/08-14/9265117.shtml [2020-09-21].

[8] OPPO. 2020. OPPO and Deutsche Telekom Form Strategic Partnership to Accelerate 5G Deployment in the European Market. https://www.oppo.com/en/newsroom/press/oppo-and-deutsche-telekom-form-strategic-partnership-to-accelerate-5g-deployment-in-the-european-market/ [2021-01-26].

[9] OPPO. 2020. OPPO, Swisscom and Ericsson double down on 5G with successful Standalone voice and data calls. https://www.oppo.com/en/newsroom/press/oppo-swisscom-ericsson-5g-standalone-voice-and-data-calls/ [2021-01-26].

印度布局 5G、相机等四个创新实验室[①]，推动 5G、人工智能相关领域技术发展和商业化。

四、数字赋能产业开放创新拓展新空间

数字赋能制造业创新主体，超越时空边界无障碍交流。2020 年 9 月联合国工业发展组织（United Nations Industrial Development Organization，UNIDO）与阿联酋能源和工业部共同发起主办的第三届全球制造业和工业化峰会、2020 年 10 月中国举办的全球工业互联网大会、2020 年 11 月德国举办的法兰克福国际精密成型及 3D 打印制造展览会（Formnext）等均纷纷采取线上线下结合的方式举行，云论坛、云展示、云签约等新模式深化国际创新主体互动。2020 年 10 月，加拿大基因云分析平台（DNAStack）、麦吉尔大学（McGill University）等加拿大本土创新主体、微软公司等跨国公司以及全球基因组学与健康联盟共同参与由加拿大政府支持的"创新超级集群计划"（Canada's Supercluster Projects—Innovation Superclusters Initiative），启动数字技术超级集群项目，开发针对新型冠状病毒的软件解决方案，通过全球网络实时共享、发现和利用相关基因组和临床数据，提供新的诊断和治疗方案[②]。2020 年 12 月，欧盟宣布启动"数字化发展中心"（Digital4Development Hub，D4D 中心），并率先扩大与非洲的数字伙伴关系，以促进多方利益相关者对话、联合伙伴关系和非洲数字经济投资[③]。

数字赋能制造业创新主体合作，超越组织边界协同研发与设计。2019 年 4 月，微软公司和宝马集团在汉诺威工业博览会上宣布合作建立全球联

---

① OPPO. 2020. OPPO establishes its first 5G innovation lab in India to elevate the global 5G experience. https://www.oppo.com/en/newsroom/press/oppo-establishes-5g-lab-in-india/ [2021-01-26].

② Innovation, Science and Economic Development Canada. 2020. Canada's Supercluster Projects: COVID-19 Response. https://www.ic.gc.ca/eic/site/093.nsf/eng/00021.html [2020-09-01].

③ European Commission. Team Europe: Digital4Development Hub launched to help shape a fair digital future across the globe. https://ec.europa.eu/commission/presscorner/detail/en/ip_20_2321 [2021-01-26].

盟——开放制造平台（Open Manufacturing Platform，OMP），通过跨行业合作、知识和数据共享，创建开放技术框架、打破数据孤岛，以提高数字化生产效率[①]。2020年4月，劳斯莱斯公司拟宣布建立Emer2gent产业联盟，与谷歌云平台、IBM公司、利兹数据分析研究所（Leeds Institute for Data Analytics）、Truata、The Data City和ODI Leeds等联盟成员推动数据安全共享和基础设施合作，将传统的经济、商业、旅游和零售数据集与行为和情绪数据相结合，为各国政府和组织的决策提供新见解和应用方案，以降低新冠肺炎疫情带来的消极影响并加速全球复苏[②]。2020年11月，艾伦人工智能研究所（Allen Institute for AI）与微软研究院、陈-扎克伯格基金会（Chan Zuckerberg Initiative）、乔治敦大学安全与新兴技术中心以及美国国立卫生研究院国家医学图书馆合作，协同美国白宫科技政策办公室启动COVID-19开放研究数据集挑战赛（CORD-19）[③]，利用人工智能技术编写开放数据集，并面向全球研究界开放。

第二节　面向未来全球制造业开放创新趋势

面向未来，制造业开放创新呈现协同研发、协同设计、协同生产、协同服务和协同发展趋势，关键在于实现全球制造网络和创新网络的协同发展，重塑全球创新价值链。

[①] The Open Manufacturing Platform. 2020. Accelerating Manufacturing Innovation at Scale: Solving Mutual Challenges through Open Collaboration. https://open-manufacturing.org/wp-content/uploads/sites/101/2020/06/omp_accelerating_manufacturing_at_scale_061620.pdf [2020-12-02].
[②] Jonny Williamson. 2020. Rolls-Royce Establishes Data Alliance to Help Kickstart Global Economic Upturn. https://www.themanufacturer.com/articles/emer2gent-rolls-royce-establishes-data-alliance-to-help-kickstart-economic-upturn/ [2020-11-20].
[③] Kaggle. COVID-19 Open Research Dataset Challenge (CORD-19) An AI Challenge with AI2, CZI, MSR, Georgetown, NIH & The White House. https://www.kaggle.com/allen-institute-for-ai/CORD-19-research-challenge [2020-11-30]; Semantic Scholar. Sownload CORD-19. https://www.semanticscholar.org/cord19/download [2020-11-30].

一、协同研发

协同研发（Co-R&D）是未来制造业发展的主要趋势，旨在加强制造业研究开发活动不同创新主体之间的协同。协同研发有助于发挥不同创新主体的优势，分担创新成本和风险，提高制造业开放创新的系统效率和整体效益，主要包括以下三种模式。

（1）竞争前技术合作。竞争前产业技术路线不确定，技术应用前景不明朗，技术研发具有高风险、高回报、高投入特点。企业可通过构建产业技术创新联盟、共建研发中心、构建专利池等方式开展竞争前技术合作，实现竞争前技术突破和技术创新能力提升。

（2）产学研融合创新。企业从提高市场竞争力出发，通过委托研究、人才联合培养、联合承担科研项目、联合建立实验室等方式，加强与高校、科研院所合作，不仅有利于提升企业技术创新能力，而且有利于高校、科研院所面向市场开辟新的科研方向。

（3）上下游企业融通创新。产业链供应链上中下游、大中小企业从构建产业创新生态出发，组建行业龙头企业主导的创新联合体，加强基础设施、仪器设备和数据等资源共享，突破产业关键核心技术，形成产业技术标准体系，提升产业创新生态体系整体效能。

二、协同设计

协同设计（Co-design）是未来制造业发展的主要趋势，旨在通过产品架构、产品外观、工艺流程的一体化设计，满足产品和服务需求的多样化。协同设计有助于设计主体融合不同创意，及时响应市场需求，主要包括以下四种模式。

（1）企业内部门间的协同。企业设计部门通过数字协同设计平台与其他部门进行实时沟通，在设计方案中兼顾产品性能、制造工艺、售后服务等环节需求，提高设计方案适用性。

（2）企业与专业化设计主体的协同。企业与专业化设计公司、工业设计研究院等设计主体进行合作，博采众长，强化产品和服务设计各个环节的系统整合，提升设计质量。

（3）企业与供应商的协同。供应商针对企业产品设计提出制造成本、流程、规格等方面改进意见，有助于优化零部件设计，缩短产品开发周期、降低产品制造成本，快速回应市场需求。

（4）企业与用户的协同。用户可以通过提出新的产品需求、提供解决方案、拓展产品设计空间等方式参与企业设计活动。在用户需求快速变化的今天，用户参与设计日益重要[①]。

三、协同生产

协同生产（Co-production）是未来制造业发展的主要趋势，旨在加强制造业供应链不同环节之间的协同，提升供应链整体效能。协同生产有助于供应链内生产主体协同、供应链外生产能力共享，加速协同生产体系数字转型，主要包括以下三种模式。

（1）供应链内生产主体协同。加强供应链智能化管理，实现生产主体原材料采购、生产、发货、物流、交货等全过程的资源优化配置，提升供应链整体生产效能。

（2）供应链外生产能力共享。构建生产设备、原材料、生产线等生产资源数字信息平台，实现生产资源市场化、智能化高效配置，提高生产能力利用率。

（3）协同生产体系数字转型。把握5G、人工智能物联网（AIoT）、云计算、工业互联网等数字技术突破带来的战略机遇，从"制造+人工智能"出发，推进协同生产体系数字化转型，实现高效协同生产。

四、协同服务

协同服务（Co-service）是未来制造业发展的主要趋势，旨在加强制造商与服务商之间以及服务商之间的协同，加速协同服务体系数

---

① Von Hippel E. 1977. The dominant role of the user in semiconductor and electronic subassembly process innovation. IEEE Transactions on Engineering Management, (2): 60-71.

字转型，向用户提供更丰富更多样的高价值服务，主要包括以下三种模式。

（1）不同服务商之间协同。不同服务商之间协同有助于拓宽服务覆盖面，提升服务质量。例如，网络运营商、软件开发商、流媒体服务商等共同为手机消费者提供服务。

（2）制造商与服务商之间协同。制造企业可与多个服务商合作，赋予产品服务新功能。例如，智能汽车厂商在向消费者提供维修服务的同时，还可联合金融机构提供汽车金融服务。

（3）协同服务体系数字转型。从"服务＋人工智能"出发，构建物流仓储、产品检测、设备维修等服务供需信息智能匹配的共享服务平台，推进协同服务体系数字化转型，突破时空壁垒限制，实现高质、高效协同服务。

五、协同发展

协同发展（Co-development）是未来制造业发展的主要趋势，旨在从"平等合作、互惠共赢"的协同发展价值观出发，统筹协同研发、协同设计、协同生产、协同服务，突破地域、文化、语言等障碍，形成相互依存、相互制约的产业创新驱动协同发展生态，主要包括以下两种模式。

（1）不同创新主体之间协同发展。产业链不同环节创新主体通过协同发展形成紧密的共生关系，单个创新主体的发展不仅取决于自身的创新发展能力，还取决于相关创新主体的创新发展能力。例如，数字转型背景下，平台企业、应用程序开发者、上下游厂商、消费者等构成了平台型组织，实现不同创新主体之间协同发展。

（2）不同创新环节之间协同发展。研发、设计、生产、服务等不同环节的有效协同有助于提升知识生产能力、知识转化能力、知识应用能力和服务模式创新能力，提升制造业开放创新整体效能，提升经济价值创造能力，实现价值共创与协同发展。

第三节　主要国家积极推动制造业开放创新

近年来，世界主要国家纷纷出台战略与政策，聚焦重点领域加强开放创新合作，加快推进统一开放市场体系建设，持续推进制造业产学研深度融合，强化制造业数字化转型开放合作，支撑引领制造业高质量发展。

一、聚焦重点领域加强开放创新合作

（1）美国聚焦人工智能、计算技术、网络安全、5G等战略领域，扩大公私合作伙伴关系，持续推进开放创新。2019年6月，美国白宫发布新版《国家人工智能研发战略规划》（The National Artificial Intelligence Research and Development Strategic Plan），在2016年版《国家人工智能研发战略规划》七个战略的基础上，增加了第八个战略"扩大公私合作伙伴关系加速人工智能发展"[1]。2019年11月，美国发布《国家战略性计算计划（更新版）：引领未来计算》（National Strategic Computing Initiative Update: Pioneering the Future of Computing），指出其重点目标之一是为未来计算打造和扩大合作伙伴关系，以确保美国在科学、技术和创新方面的领导地位[2]。2019年12月，美国发布新版《联邦网络空间安全研发战略计划》（Federal Cybersecurity Research and

---

[1] Select Committee on Artificial Intelligence of the National Science & Technology Council. 2019. The National Artificial Intelligence Research and Development Strategic Plan. https://www.nitrd.gov/pubs/National-AI-RD-Strategy-2019.pdf [2020-09-15].

[2] Fast Track Action Committee on Strategic Computing, Networking & Information Technology Research & Development Subcommittee, Committee on Science & Technology Enterprise of the National Science & Technology Council. 2019. National Strategic Computing Initiative Update: Pioneering the Future of Computing. https://www.nitrd.gov/pubs/National-Strategic-Computing-Initiative-Update-2019.pdf [2020-09-15].

Development Strategic Plan），针对稳健的网络安全研发，确定了联邦政府、学术界和研究机构以及商业部门各自的角色，确保各部门内部和跨部门有效合作[①]。2020年3月，美国白宫发布《保护5G安全国家战略》（National Strategy to Secure 5G of the United States of American），提出加快5G部署、评估5G基础设施相关风险并确定其核心安全原则、解决全球5G基础设施开发和部署过程中对美国经济和国家安全的风险、推动负责任的5G全球开发和部署等四项战略措施[②]。

（2）欧盟聚焦人工智能、微电子、绿色低碳等领域，通过设立联合计划、建立联盟和伙伴关系等强化合作。2018年12月，欧盟发布"人工智能协调计划"（Coordinated Plan on Artificial Intelligence），提出促进欧盟成员国、挪威和瑞士在增加投资、汇集数据、培养人才和确保信任等方面的合作，并将制造业放在优先位置[③]。2020年2月，欧盟发布《人工智能白皮书：走向卓越与信任的欧洲》（White Paper on Artificial Intelligence—A European Approach to Excellence and Trust），提出进一步深化欧盟成员国之间合作和国际合作，如在欧洲多个人工智能研究中心之间加强协同效应和形成网络等[④]。2018年12月，欧盟委员会批准了法国、德国、意大利、英国四国共同提出的"微电子联合研究和创新综合计划"（Joint Research and Innovation Project in Microelectronics），在节能芯片、功率半导体、智能传感器、先进光学设备和复合材料等5个领域

[①] Cyber Security and Information Assurance Interagency Working Group, Subcommittee on Networking & Information Technology Research & Development, Committee on Science & Technology Enterprise of the National Science & Technology Council. 2019. Federal Cybersecurity Research and Development Strategic Plan. https://www.nitrd.gov/pubs/Federal-Cybersecurity-RD-Strategic-Plan-2019.pdf [2020-09-15].

[②] The White House. 2020. National Strategy to Secure 5G of the United States of American. https://trumpwhitehouse.archives.gov/wp-content/uploads/2020/03/National-Strategy-5G-Final.pdf [2020-09-15].

[③] European Commission. 2018. Coordinated Plan on Artificial Intelligence. https://ec.europa.eu/digital-single-market/en/news/coordinated-plan-artificial-intelligence [2020-09-15].

[④] European Commission. 2020. White Paper on Artificial Intelligence—A European Approach to Excellence and Trust. https://ec.europa.eu/info/sites/info/files/commission-white-paper-artificial-intelligence-feb2020_en.pdf [2020-09-15].

投资 17.5 亿欧元开展重点攻关①。2020 年 3 月，欧盟发布《新欧洲工业战略》（A New Industrial Strategy for Europe），提出通过建立"清洁氢联盟""低碳工业联盟""工业云和平台联盟""原材料联盟"等，将投资者与政府、机构和工业伙伴聚集在一起②。

二、加快推进统一开放市场体系建设

（1）美国强调在国内和全球促进自由公平贸易，推动制造业开放创新。2018 年 10 月，美国国家科学技术委员会（National Science and Technology Council）发布《先进制造业美国领导力战略》（Strategy for American Leadership in Advanced Manufacturing）报告，强调联邦政府、州政府和地方政府必须协同支持研发、开发劳动力、促进自由公平贸易，创建一个为私营部门减负的监管和税收体系，支持美国先进制造业发展③。该报告还提出要采取强有力的行动，打击不公平的全球贸易，政府部门（如美国商务部国际贸易管理局）应提供资源帮助美国制造商进入国外新市场。

（2）欧盟加快推进单一市场建设，构建开放公平的多边贸易关系，推动制造业开放创新。2020 年 3 月，欧盟委员会发布《新欧洲工业战略》，将单一市场作为欧洲工业转型的基础之一，并提出欧盟需要制定以竞争和开放市场、世界领先的研究和技术以及强大的单一市场为基础的欧洲产业政策，降低壁垒、减少官僚主义。为加快推进欧盟单一市场建设，欧盟委员会通过了《更好地实施和执行单一市场规则的长期行动计划》（Long Term Action Plan for Better Implementation and Enforcement of Single Market Rules），旨在强化欧盟机构与成员国之间

---

① 中华人民共和国驻欧盟使团. 2018. 欧盟批准 17.5 亿欧元微电子联合研究和创新综合计划. http://www.chinamission.be/chn/kjhz/t1626902.htm [2020-09-15].
② European Commission. 2020. A New Industrial Strategy for Europe. https://eur-lex.europa.eu/legal-content/EN/TXT/PDF/?uri=CELEX:52020DC0102&from=EN [2020-09-15].
③ National Science and Technology Council. 2018. Strategy for American Leadership in Advanced Manufacturing. https://trumpwhitehouse.archives.gov/wp-content/uploads/2018/10/Advanced-Manufacturing-Strategic-Plan-2018.pdf [2020-09-15].

的关系，确保共同市场规则得以正确实施和执行，包括增强对单一市场规则的认识，完善欧盟规则的转化、执行和适用，充分利用好预防壁垒机制，检测在单一市场内部和外部边界的违规行为，强化实地执法，加强对侵权案件的处理等6方面22项行动[1]。此外，2019年7月发布的《欧洲2030工业展望报告》（A Vision for the European Industry Until 2030）强调，开放、公平和多边贸易关系将进一步支持欧洲建立全球工业领导地位，贸易和投资协议将仍然是欧洲投资者在第三国实现更大互惠的首选方式，欧盟应加强其市场准入战略和外交，消除在第三国的非关税壁垒和投资障碍[2]。

（3）德国强调消除贸易和市场壁垒，推进自由、公平的国际贸易体系建设，促进制造业开放创新。2019年2月，德国联邦经济事务与能源部发布《国家工业战略2030》（National Industrial Strategy 2030），旨在与工业利益相关者一起，在所有相关领域确保和恢复国家、欧洲和全球层面的经济和技术能力、竞争力和工业领导力[3]。该战略明确提出，德国坚持自由和开放的原则，希望减少乃至取消全球关税，特别是各个领域工业产品的关税，并将集中力量消除现有市场规则框架中的不平等与不利因素。

（4）英国通过保持开放自由的市场经济，强化国际合作，推动制造业开放创新。2017年11月，英国商业、能源和产业战略部发布《工业战略：建设适应未来的英国》（Industrial Strategy: Building a Britain Fit for the Future）[4]，强调英国必须保持开放、自由的市场经济，加强与世界特

---

[1] European Commission. 2020. Long Term Action Plan for Better Implementation and Enforcement of Single Market Rules. https://ec.europa.eu/info/sites/info/files/communication-enforcement-implementation-single-market-rules_en_0.pdf [2020-09-15].

[2] Industry 2030 High Level Industrial Roundtable. 2019. A Vision for the European Industry Until 2030. https://ec.europa.eu/docsroom/documents/36468 [2020-09-15].

[3] Federal Ministry for Economic Affairs and Energy. 2019. National Industrial Strategy 2030. https://www.bmwi.de/Redaktion/EN/Publikationen/Industry/national-industry-strategy-2030.pdf?__blob=publicationFile&v=9 [2020-09-15].

[4] Department for Business, Energy & Industrial Strategy. 2017. Industrial Strategy: Building a Britain Fit for the Future. https://assets.publishing.service.gov.uk/government/uploads/system/uploads/attachment_data/file/664563/industrial-strategy-white-paper-web-ready-version.pdf [2020-09-15].

别是欧洲其他国家的自由贸易，广泛开展国际合作，扩大市场准入，支持企业出口，维护开放经济和公平竞争原则，为企业繁荣创造条件。在吸引跨国公司和外国企业投资方面，该战略提出与地方合作伙伴一起寻找具有高经济潜力的投资、支持顶尖院所高校与世界顶级公司合作以提高其在英国研发活动比例、增加大企业研发投入税收抵扣比例等举措。在支持英国企业进入国际市场方面，该战略提出与企业共同对出口战略进行审查、确保所有企业都能获得高质量的出口咨询服务、加强政府间合作关系以寻找新的出口机会、与银行共同帮助企业履行海外合同、带领各类企业组成的"英国队"争夺全球基础设施市场等系列举措。

三、持续推进制造业产学研深度融合

（1）美国通过构建国家制造业创新网络强化产学研合作，促进先进制造业发展。2013年1月，美国发布《国家制造业创新网络：初步设计》（National Network for Manufacturing Innovation: A Preliminary Design），提出投资10亿美元支持创建美国国家制造业创新网络（National Network for Manufacturing Innovation，NNMI），旨在为美国工业界和学术界建立一个有效的制造业研究基础设施，解决工业界相关问题[①]。2014年11月，美国众议院通过了《振兴美国制造业和创新法案2014》（*Revitalize American Manufacturing and Innovation Act of 2014*）的修订，开始实施"制造业创新网络计划"，着手建立制造业创新中心网络[②]。截至2019年10月，美国已建成14家制造业创新研究所，涉及电力电子制造、材料、能源和环境、数字化和自动化、生物制造等领域[③]，有效促进了产

[①] Executive Office of the President, National Science and Technology Council, Advanced Manufacturing National Program Office. 2013. National Network for Manufacturing Innovation: A Preliminary Design. https://obamawhitehouse.archives.gov/sites/default/files/microsites/ostp/nstc_nnmi_prelim_design_final.pdf [2020-09-15].

[②] U.S. 113th Congress. 2014. Revitalize American Manufacturing and Innovation Act of 2014. https://www.congress.gov/bill/113th-congress/house-bill/2996 [2020-09-15].

[③] Manufacturing USA Interagency Working Group. 2019. Network Charter Manufacturing USA Program. https://nvlpubs.nist.gov/nistpubs/ams/NIST.AMS.600-4r1.pdf [2020-09-15].

学研合作，推动了先进制造业开放创新。

（2）欧盟通过构建创新网络、促进产业集群协同、发起合作项目等强化产学研合作，推动制造业开放创新。《欧洲 2030 工业展望报告》提出设计合适的创新生态激励创新和技术应用，充分利用大中小企业、初创企业、院所高校、城市（区域）构成的强大创新网络，鼓励跨界合作，使政策制定者、产业界、工会、非政府组织和学术界参与新产品和服务的市场化与社会推广，支持创建协同产业集群和产业共生体推动产业转型。2018 年 6 月，欧盟委员会与欧洲信息通信技术产业界联合发起"第五代移动通信公私合作计划"（5G-PPP），聚焦 5G 技术在智能制造、能源、汽车等领域应用，部署了一批创新项目，推动了相关产业创新发展[1]。2019 年 1 月启动的欧盟人工智能项目（AI4EU），参与者包括来自 21 个国家的 79 家顶级研究机构、中小企业和大型企业，有效推动了人工智能产业开放创新[2]。

（3）英国通过"弹射中心"（Catapult Centers）计划推动重点领域产学研合作，支持制造业开放创新。英国在《工业战略：建设适应未来的英国》中指出，政府在未来几年内应与企业、大学、研究人员和民间合作，把握发展机会、解决问题，强调伙伴关系的核心地位。为推动新技术与市场有效对接，2011 年 10 月起，英国技术战略委员会开始设立弹射项目，截至 2020 年 7 月，已建成 11 家"弹射中心"，聚焦高价值制造、近海可再生能源、交通系统、卫星应用、未来城市、数字化等领域开展研发和创新，且对所有企业开放，有效促进了科技和经济的紧密结合，加快了新技术商业化[3]。

（4）日本通过促进创新要素流动，推动产学研协同创新。2016 年

---

[1] European Commission. 2019. Europe Advancing in 5G—New Wave of Projects Launched to Accelerate 5G Take-up in Vertical Industries. https://digital-strategy.ec.europa.eu/en/news/europe-advancing-5g-new-wave-projects-launched-accelerate-5g-take-vertical-industries [2020-09-15].

[2] 驻欧盟使团经商参处 . 2019. 欧盟 21 个国家将合作建设人工智能需求平台 . http://www.mofcom.gov.cn/article/i/jyjl/m/201901/20190102826780.shtml [2020-09-15].

[3] 万勇，黄健. 2020. 美英两国制造业协同网络建设比较分析及其启示. 世界科技研究与发展，42(6): 555-564.

1月，日本《第五期科技基本计划》提出建立一个充分发挥企业、大学和公共研究机构独特优势并将其协同结合的机制，以推动全球开放创新[1]。该计划还提出日本将增强人力资源、知识和资本的灵活性，营造有利于创新蓬勃发展的环境，建立"共创空间"（spaces for co-creation），集聚可利用的人力资源、知识和资本，促进协同创新。日本政府基于《日本振兴战略（2015年修订版）》，在工业结构委员会下设新工业结构工作组，建立全球顶级水平的产学研合作基地，推动经济社会快速发展[2]。

四、支持制造业数字化转型开放合作

（1）欧盟加强能源、交通等公共基础设施和数据空间、超高速宽带、5G网络等数字基础设施建设，助力制造业数字化转型开放合作。《欧洲2030工业展望报告》提出要建立现代战略基础设施，既包括智能电网、能源储存和网络、交通运输等公共基础设施，也包括标准化数据、超高速宽带和高性能5G网络等数字基础设施。2020年2月发布的《欧洲数据战略》（A European Strategy for Data）致力于在欧洲范围内创建单一数据市场，推动数据在欧盟内部和欧洲各国之间自由流动，并提出支持建设工业（制造业）欧洲公共数据空间，获取在制造业中使用非个人数据的潜在价值（估计到2027年为1.5万亿欧元）[3]。2020年3月，欧盟委员会发布的《适应可持续和数字化欧洲的中小企业战略》（An SME Strategy for a Sustainable and Digital Europe），也提出建立公共的欧洲数据空间，促进企业和政府之间的数据流动[4]。

---

[1] 内阁府. 2016. 科学技術基本計画. https://www8.cao.go.jp/cstp/kihonkeikaku/5honbun.pdf [2020-09-15].

[2] 国家制造强国建设战略咨询委员会. 2018. 中国制造2025蓝皮书（2018）. 北京：电子工业出版社.

[3] European Commission. 2020. A European Strategy for Data. https://eur-lex.europa.eu/legal-content/EN/TXT/PDF/?uri=CELEX:52020DC0066&from=EN [2020-09-15].

[4] European Commission. 2020. An SME Strategy for a Sustainable and Digital Europe. https://eur-lex.europa.eu/legal-content/EN/TXT/PDF/?uri=CELEX:52020DC0103&from=EN [2020-09-15].

（2）欧洲主要国家不断强化在制造业数字化转型领域开放合作。2017年3月，法国未来工业联盟、意大利国家"工业4.0"计划和德国"工业4.0"应用平台就推进工业数字化三方合作达成共识，先后共同发布了《共同行动计划——制造业数字化三方合作路线图》（Shared Action Plan: Roadmap for Trilateral Cooperation on Digitizing the Manufacturing Industry，2017年）[1]、《智能制造三方合作的巴黎宣言》（Paris Declaration of the Trilateral Group for Smart Manufacturing，2018年）[2]、《关于"数据所有权"的共同立场》（Common Position on "Data Ownership"）[3]等一系列文件，不断深化在制造业数字化领域的合作。2016年3月，德国《数字化战略2025》（Digital Strategy 2025）明确提出加强与重要伙伴国家开展双边合作，促进工业4.0转型[4]。2020年12月，欧盟委员会发布《全球变化下的新欧盟-美国议程》（A New EU-US Agenda for Global Change），呼吁欧盟加强与美国在塑造数字监管环境、加强数字供应链安全和网络安全等方面的合作[5]。

（3）日本加强与欧洲发达国家在物联网、工业4.0等领域合作，推动与亚洲新兴国家在数字转型等方面合作。2017年3月，在德国汉诺威召开的消费电子、信息及通信博览会上，日本和德国联合签署了

---

[1] Alliance Industrie du Futur, Piano Industria 4.0 and Plattform Industrie 4.0. 2017. Shared Action Plan: Roadmap for Trilateral Cooperation on Digitizing the Manufacturing Industry. https://www.plattform-i40.de/PI40/Redaktion/EN/Downloads/Publikation/shared-actionplan-fr-de-it.pdf?__blob=publicationFile&v=4 [2020-09-15].

[2] Alliance Industrie du Futur, Piano Industria 4.0 and Plattform Industrie 4.0. 2018. Paris Declaration of the Trilateral Group for Smart Manufacturing. https://www.plattform-i40.de/PI40/Redaktion/EN/Downloads/Publikation/wg3-trilaterale-coop.pdf?__blob=publicationFile&v=4 [2020-09-15].

[3] Alliance Industrie du Futur, Piano Industria 4.0 and Plattform Industrie 4.0. 2018. Common Position on "Data Ownership". https://www.plattform-i40.de/PI40/Redaktion/EN/Downloads/Publikation/wg3-trilaterale-coop2.pdf?__blob=publicationFile&v=4 [2020-09-15].

[4] Federal Ministry for Economic Affairs and Energy. 2016. Digital Strategy 2025. https://www.de.digital/DIGITAL/Redaktion/EN/Publikation/digital-strategy-2025.pdf?__blob=publicationFile&v=9 [2020-09-15].

[5] European Commission. 2020. A New EU-US Agenda for Global Change. https://ec.europa.eu/commission/presscorner/detail/en/fs_20_2285 [2021-01-07].

《汉诺威宣言》(*Hannover Declaration*)[①]，围绕网络安全、国际标准、国际监管改革、中小企业扶持、研究和开发、平台、数字技能和培训、汽车产业、信息通信合作等九大方面，进一步深化物联网和工业4.0领域合作。日本《国际经济和贸易白皮书2020》指出，日本必须战略性地向亚洲新兴国家部署资金、人力、技术等资源，并提出亚洲数字转型计划，推动与新兴经济体的公司合作创建新业务[②]。

第四节 中国制造业开放创新现状与问题

近年来，我国政府多措并举促进制造业开放创新，在创新环境、创新平台和创新能力建设等方面取得了重要进展。对标"制造强国"建设目标，中国还需要进一步深化改革创新，促进创新要素流动和创新主体协同，扩大高端创新人才有效需求，拓宽制造业全球合作创新网络，全面提升中国制造业实力和国际竞争力。

一、开放创新环境不断优化，创新要素流动机制亟待完善

中国着力完善外商投资环境、改善对外贸易环境、稳步提升标准化水平、加强知识产权保护、支持跨国公司在华研发中心，推动制造业开放创新环境不断优化，但人才、技术、资本、土地、数据等创新要素的流动机制仍亟待完善。

---

① BMWi of Germany, METI of Japan. 2017. Hannover Declaration. https://www.plattform-i40.de/PI40/Redaktion/EN/Downloads/Publikation/hannover-declaration.pdf?__blob=publicationFile&v=5 [2020-09-15].
② Ministry of Economy, Trade and Industry. 2020. Summary of the White Paper on International Economy and Trade 2020. https://www.meti.go.jp/english/report/data/gIT2020maine.html [2020-09-15].

（1）完善外商投资环境。2019年3月15日，第十三届全国人民代表大会第二次会议审议通过《中华人民共和国外商投资法》[①]，强调保护外国投资者和外商投资企业知识产权，明确行政机关及其工作人员不得利用行政手段强制转让技术。2019年12月31日，国务院发布《中华人民共和国外商投资法实施条例》[②]，强调行政机关不得强制外国投资者、外商投资企业转让技术。2019年10月8日，国务院通过《优化营商环境条例》[③]，明确政府按照鼓励创新的原则，对新技术、新产业、新业态、新模式等实行包容审慎监管。2019年11月7日，国务院印发《关于进一步做好利用外资工作的意见》[④]，提出优化外商投资企业科技创新服务，鼓励和引导外资更多投向高新技术产业。2020年4月1日，商务部发布《关于应对疫情进一步改革开放做好稳外资工作的通知》[⑤]，指出聚焦促进制造业高质量发展，引导外资更多投向先进制造业、新兴产业、高新技术、节能环保等领域。

（2）改善对外贸易环境。2020年8月12日，国务院发布《关于进一步做好稳外贸稳外资工作的意见》[⑥]，提出加强对外商投资企业申请高新技术企业认定的服务保障，吸引更多外资投向高新技术产业。2020年11月9日，国务院发布《关于推进对外贸易创新发展的实施意见》[⑦]，提出扩大高附加值产品出口，同时扩大咨询、研发设计、节能环保、环境服务等知识技术密集型服务进口。2020年9月21日，国务院发布

---

① 中国人大网. 中华人民共和国外商投资法. http://www.npc.gov.cn/zgrdw/npc/xinwen/2019-03/15/content_2083532.htm[2019-03-15].

② 中华人民共和国中央人民政府. 中华人民共和国外商投资法实施条例. http://www.gov.cn/zhengce/content/2019-12/31/content_5465449.htm[2019-12-31].

③ 中华人民共和国中央人民政府. 优化营商环境条例. http://www.gov.cn/zhengce/content/2019-10/23/content-5443963.htm[2019-10-23].

④ 中华人民共和国中央人民政府. 国务院关于进一步做好利用外资工作的意见. http://www.gov.cn/zhengce/content/2019-11/07/content_5449754.htm[2019-11-07].

⑤ 中华人民共和国商务部. 商务部关于应对疫情进一步改革开放做好稳外资工作的通知. http://www.mofcom.gov.cn/article/b/f/202004/20200402951657.shtml[2020-04-03].

⑥ 中华人民共和国中央人民政府. 国务院办公厅关于进一步做好稳外贸稳外资工作的意见. http://www.gov.cn/zhengce/content/2020-08/12/content_5534361.htm[2020-08-12].

⑦ 中华人民共和国中央人民政府. 国务院办公厅关于推进对外贸易创新发展的实施意见. http://www.gov.cn/zhengce/content/2020-11/09/content_5559659.htm[2020-11-09].

《中国(浙江)自由贸易试验区扩展区域方案》,提出加快技术贸易等新兴服务贸易发展,探索以高端服务为先导的"数字+服务"新业态和新模式[1]。

(3)稳步提升标准化水平。"十三五"期间,我国不断推进标准化建设,推动产业技术标准化引领新技术发展。2019年9月6日,工业和信息化部发布《关于促进制造业产品和服务质量提升的实施意见》指出[2],支持行业和企业参与国际标准化工作,与国际先进水平对标。2019年,我国发布企业对标结果13 734个,新签署标准化双边合作协议11个[3];新发布国家标准外文版141项[4]。

(4)加强知识产权保护。2019年7月10日,国家海外知识产权纠纷应对指导中心成立,为我国海外企业应对知识产权纠纷提供指导和协调。2019年11月,中共中央办公厅、国务院办公厅印发《关于强化知识产权保护的意见》,强调"健全涉外沟通机制,塑造知识产权同保护优越环境"[5]。2020年9月21日,国务院关于印发《中国(北京)自由贸易试验区总体方案》,提出探索建立公允的知识产权评估机制,设立知识产权交易中心,开展外国专利代理机构设立常驻代表机构试点工作[6]。

(5)支持跨国公司在华研发中心。2017年10月,特斯拉(Tesla)公司在北京设立全国第一家科技创新中心,作为特斯拉全球研发体系

---

[1] 中华人民共和国中央人民政府.国务院关于印发北京、湖南、安徽自由贸易试验区总体方案及浙江自由贸易试验区扩展区域方案的通知.http://www.gov.cn/zhengce/content/2020-09/21/content_5544926.htm[2020-09-21].

[2] 中华人民共和国工业和信息化部.工业和信息化部关于促进制造业产品和服务质量提升的实施意见.https://www.miit.gov.cn/zwgk/zcwj/wjfb/zh/art/2020/art_8d24ee0568d64609acc5b1e487d26471.html[2019-09-06].

[3] 徐风.服务国家战略 造福百姓生活 引领高质量发展——2019年我国标准化工作回顾.http://www.cqn.com.cn/zgzlb/content/2020-01/17/conten-8048254.htm[2020-01-17].

[4] 市场监管总局(标准委).中国标准化发展年度报告(2019).https://www.samr.gov.cn/xw/zj/202111/t20211104_336444.html[2021-11-05].

[5] 中共中央办公厅,国务院办公厅.关于强化知识产权保护的意见.http://www.gov.cn/xinwen/2019-11/24/content_5455070.htm[2019-11-24].

[6] 国务院.国务院关于印发北京、湖南、安徽自由贸易试验区总体方案及浙江自由贸易试验区扩展区域方案的通知.http://www.gov.cn/zhengce/content/2020-09/21/content_5544926.htm[2020-09-21].

的重要布局，主要承担新能源产品等研发工作。2020年8月，施耐德电气（Schneider Electric）公司称其2020年以来在中国的研发投入比2019年增长了15%[①]，其中国分公司已经发展成为其全球四大研发基地之一。2020年全年，上海市新增跨国公司地区总部51家、外资研发中心20家，累计落户上海的跨国公司地区总部、外资研发中心分别达到771家和481家，比5年前分别增加236家和85家[②]。

但目前，我国制造业开放创新仍然存在诸多亟待解决的问题，缺乏有效的人才、技术、资本、土地、数据等创新要素流动机制和市场化配置体系。在人才流动方面，海外人才引进政策与发展机会宣传以及人才生活服务保障力度仍然不够；在土地流转方面，城乡统一的建设用地市场尚未形成，城市存量土地的利用效率不高；在资本流动方面，企业跨境投资的金融、保险等服务缺失，海外投资面临的政治风险、汇兑限制、税收风险、战争风险等风险难以对冲；在技术流动方面，尖端技术有效需求不足与国外对华尖端技术出口管制趋严导致的有效技术供给不足并存；在数据流通方面，各类数据的定价、确权、交易和监管机制还不完善，数据跨境交易平台尚未建立，制约了数据要素跨境流动。

二、开放创新平台不断健全，创新主体协同效能亟待提升

中国稳步推进国家制造业创新中心、国家产业创新中心、国家技术创新中心、工业互联网平台等平台建设，有力支撑了制造业开放创新，但创新主体的协同效能仍有待提升。

（1）建设国家制造业创新中心，支撑制造业开放创新。2016年，工业和信息化部发布的《关于完善制造业创新体系，推进制造业创新

[①] 中国新闻网. 外企掀在华布局研发中心热潮. https://baijiahao.baidu.com/s?id=16749902100 52098386&wfr=spider&for=pc[2020-08-14].
[②] 上海市人民政府. 龚正市长在上海市第十五届人民代表大会第五次会议的政府工作报告（2021年）. https://www.shanghai.gov.cn/nw12336/20210201/ca9e963912cc4c30be7b63799374cd86.html[2021-02-01].

中心建设的指导意见》提出①，围绕重点行业创新发展共性需求，布局建设一批国家制造业创新中心，完善国家制造业创新体系，到 2020 年和 2025 年，分别建设 15 家和 40 家左右国家制造业创新中心。截至 2020 年底已有 17 家国家制造业创新中心获批建设，2020 年建设目标已经完成②。制造业创新中心在平台建设方面成效显著。例如，国家动力电池创新中心建立了动力电池协同攻关平台、动力电池测试验证平台、动力电池科技成果孵化与转化平台等平台；国家增材制造创新中心建有研发中试平台、公共测试平台、共性技术服务平台；国家集成电路创新中心建有长三角集成电路设计与制造协同创新中心、国家集成电路产教融合创新平台、新一代集成电路技术攻关大平台等。

（2）建设国家产业创新中心，强化未来产业竞争力。2018 年 1 月 11 日，国家发展和改革委员会印发《国家产业创新中心建设工作指引（试行）》③，提出在战略性领域布局建设国家产业创新中心，旨在获取未来产业竞争新优势，推动新兴产业集聚发展，培育壮大经济发展新动能，支撑供给侧结构性改革。国家产业创新中心建设采取企业主导、院校协作、多元投资、成果分享的新模式，构建高效协作创新网络，增强新兴产业技术供给、高技术企业孵化能力，提升战略产业竞争力。例如，2018 年建设的国家先进计算产业创新中心，由曙光信息产业股

---

① 中华人民共和国工业和信息化部.工业和信息化部关于完善制造业创新体系，推进制造业创新中心建设的指导意见. https://www.miit.gov.cn/jgsj/kjs/gzdt/art/2020/art_eff1e7a2b5ed40c29e6bbfda228fa04f.html[2016-08-30].
② 已论证通过和启动建设的 17 家国家制造业创新中心包括：国家动力电池创新中心（2016 年）、国家增材制造创新中心（2017 年）、国家印刷及柔性显示创新中心（2018 年）、国家信息光电子创新中心（2018 年）、国家机器人创新中心（2018 年）、国家智能传感器创新中心（2018 年）、国家集成电路创新中心（2018 年）、国家数字化设计与制造创新中心（2018 年）、国家轻量化材料成形技术及装备创新中心（2018 年）、国家先进轨道交通装备创新中心（2019 年）、国家农机装备创新中心（2019 年）、国家智能网联汽车创新中心（2019 年）、国家先进功能纤维创新中心（2019 年）、国家稀土功能材料创新中心（2020 年）、国家集成电路特色工艺及封装测试创新中心（2020 年）、国家高性能医疗器械创新中心（2020 年）、国家先进印染技术创新中心（2020 年）。
③ 中华人民共和国国家发展和改革委员会.国家发展改革委关于印发《国家产业创新中心建设工作指引（试行）》的通知. https://www.ndrc.gov.cn/xxgk/zcfb/ghxwj/201801/t20180119_960938.html?code=&state=123[2018-01-19].

份有限公司牵头,联合多家产业上下游企业、科研院所和高校共同组建,致力于先进计算技术研发应用、科技成果转移转化、知识产权运营、公共服务共享、双创空间和投融资、人才服务等平台建设。

（3）建设国家技术创新中心,强化国家技术创新网络。2017年11月23日,科学技术部发布《国家技术创新中心建设工作指引》[1],提出在重点领域布局建设一批国家技术创新中心,形成国家技术创新网络,培育行业领军企业,催生一批创新型产业集群,推动若干重点产业进入全球价值链中高端。2020年4月13日,科学技术部、财政部发布《关于推进国家技术创新中心建设的总体方案（暂行）》[2],进一步明确了中心功能定位和体制机制,提出"根据功能定位、建设目标、重点任务等不同,国家技术创新中心分为综合类和领域类等两个类别进行布局建设"。领域类国家技术创新中心布局了国家高速列车技术创新中心、国家新能源汽车技术创新中心、国家合成生物技术创新中心等；综合类国家技术创新中心布局了京津冀国家技术创新中心、长三角国家技术创新中心、粤港澳大湾区国家技术创新中心等。

（4）建设工业互联网平台,推进制造业数字转型发展。2017年11月,国务院发布《关于深化"互联网+先进制造业"发展工业互联网的指导意见》[3],明确提出"到2035年,建成国际领先的工业互联网网络基础设施和平台,形成国际先进的技术与产业体系,工业互联网全面深度应用并在优势行业形成创新引领能力,安全保障能力全面提升,重点领域实现国际领先",从夯实网络基础、打造平台体系、加强产业支撑、促进融合应用、完善生态体系、强化安全保障、推动开放合作等方面进行了部署。2020年12月,工业和信息化部发布2020年跨行

---

[1] 中华人民共和国科学技术部. 科技部关于印发国家技术创新中心建设工作指引的通知. http://www.most.gov.cn/xxgk/xinxifenlei/fdzdgknr/fgzc/gfxwj/gfxwj2017/201711/t20171123_136430.html[2017-11-23].

[2] 中华人民共和国科学技术部. 科技部 财政部印发《关于推进国家技术创新中心建设的总体方案（暂行）》的通知. http://www.most.gov.cn/xxgk/xinxifenlei/fdzdgknr/fgzc/gfxwj/gfxwj2020/202003/t20200325_152543.html[2020-04-13].

[3] 国务院. 国务院关于深化"互联网+先进制造业"发展工业互联网的指导意见. http://www.gov.cn/zhengce/content/2017-11/27/content_5242582.htm[2017-11-27].

业跨领域工业互联网平台清单[①]，包括15家工业互联网平台。2021年1月，工信部发布《关于公布2020年制造业与互联网融合发展试点示范名单的通知》[②]，包括上述15家跨行业跨领域工业互联网平台，新增64家特色专业型工业互联网平台，48个两化融合管理体系贯标试点单位和8个中德智能制造合作试点单位。

总体而言，开放创新平台建设成效显著，但是国家产业创新中心、国家技术创新中心、国家制造业创新中心和工业互联网平台等平台统筹布局、分工合作、系统推进、协同发展问题依然突出：一是平等合作、互惠共赢的协同创新价值理念和利益分配机制问题；二是跨部门开放创新平台之间合作机制，引导创新平台各类主体形成产业链与创新链融合发展模式；三是聚焦战略产业构建模块化开放创新平台，既要强化模块化平台内部开放创新平台之间的协同创新，也要探索模块化平台之间的协同创新模式，提升国家创新体系整体效能。需要引导各类平台利益相关者积极探索协同模式的制度文化环境，创新主体协同效能仍然有待提升。

三、开放创新能力不断增强，关键核心技术攻关亟待破局

中国制造业企业日益重视创新合作，新产品出口规模不断上涨、技术含量不断提高，制造业开放创新能力不断增强，但关键核心技术受制于人的局面仍没有得到根本性改变。

（1）制造业企业日益重视创新合作。《2020中国民营企业500强调研分析报告》显示[③]，在399家调研企业中，有77.94%的企业认为科技合作对其技术创新的促进作用很大。根据《全国企业创新调查年

---

① 中华人民共和国工业和信息化部. 2020年跨行业跨领域工业互联网平台清单公示. https://wap.miit.gov.cn/jgsj/xxjsfzs/gzdt/art/2020/art_4d66d8c29a7544cf975f3ecdbd8ce2e7.html[2020-12-22].
② 中华人民共和国工业和信息化部. 工业和信息化部办公厅关于公布2020年制造业与互联网融合发展试点示范名单的通知. https://wap.miit.gov.cn/zwgk/zcwj/wjfb/rjy/art/2021/art_b5f2c6af5a4443c793c093a3f30c2070.html[2021-01-27].
③ 中华全国工商业联合会. 2020中国民营企业500强调研分析报告. 2020. http://www.hebei.com.cn/att/003/025/517/00302551792_d42f49a8.pdf.

鉴2020》[①]，2019年通过创新合作实现产品或工艺创新的规模以上制造业企业数量为12万家，与2016年相比增加了35.4%；2019年开展创新合作的制造业企业占全部企业的比重为23.4%，与2016年相比提高了8.7个百分点。越来越多的制造业企业计划在海外进行研发布局。例如，截至2020年底，美的集团在海外设有18个研发中心和17个生产基地，遍布十多个国家，海外员工超过3万人。

（2）新产品出口规模不断上涨，技术含量不断提高。2020年，中国规模以上工业企业新产品出口规模为43 853.3亿元，比2015年增长了50.53%[②]。2019年，中国高技术产品出口占制成品出口比重为30.8%，美国为18.9%、英国为23.5%、德国为16.4%、法国为27.0%、日本为17.0%、印度为10.3%[③]。2019年，中国高新区企业出口总额为41 371.5亿元[④]，同比增长11.0%。

总体而言，中国制造业开放创新能力快速提升，但是关键核心技术受制于人的局面仍没有根本改变。2019年，中国工程院对制造业26类代表性产业的产业链安全性评估的结果显示：我国制造业产业链60%安全可控，部分产业对国外依赖程度大；其中，有2类产业对外依赖度高（占比7.7%），有8类产业对外依赖度极高（占比30.8%）。世界银行数据显示，2020年中国知识产权使用费收支逆差为292.3亿美元，美国收支顺差为733.6亿美元，德国收支顺差为198.4亿美元，日本收支顺差为148.2亿美元，英国收支顺差为55.7亿美元，法国收支顺差为22.4亿美元[⑤]。

---

① 国家统计局社会科技和文化产业统计司. 全国企业创新调查年鉴2020. 北京：中国统计出版社，2020.
② 国家统计局社会科技和文化产业统计司，科学技术部战略规划司. 中国科技统计年鉴2021. 北京：中国统计出版社，2021.
③ The World Bank. World Development Indicators: Science and Technology. http://wdi.worldbank.org/table/5.13[2021-12-03].
④ 科学技术部火炬高技术产业开发中心，中国科学院科技战略咨询研究院. 国家高新区创新能力评价报告2020. 北京：科学技术文献出版社，2021.
⑤ 相关数据可在世界银行官方网页上查询，参见：https://data.worldbank.org/?most_recent_year_desc=true.

四、创新人才队伍不断壮大，高端人才有效需求亟待扩大

中国教育事业快速发展，创新人才规模和素质不断提升，但制造业整体仍处于全球价值链的中低端，对高端人才的有效需求不足。

（1）教育事业快速发展，师生规模显著扩大。教育部数据显示[1]：2020年全国共有各级各类学校53.7万所，比2015年增加2.5万所；全国各级各类学历教育在校生2.89亿人，比2015年增加0.29亿人；专任教师1793.0万人，比2015年增加250.1万人。2020年，全国招收博士研究生11.6万人，比2015年增加4.2万人；招收硕士研究生99.1万人，比2015年增加42万人。

（2）创新人才规模和素质不断提升。中国人才资源总量从2010年的1.2亿人增长到2019年的2.2亿人，其中专业技术人才从5550.4万人增长到7839.8万人[2]。2020年中国规模以上工业企业R&D人员全时当量为346万人年，比2015年增长了31.16%[3]。中国劳动者平均受教育年限不断增加，劳动者素质提升。2020年全国新增劳动力平均受教育年限13.8年，比2015年提高0.5年；其中，受过高等教育比例达到53.5%，比2015年提高11个百分点[4]。截至2019年底，中国专业技术人才中，本科及以上学历人员的比例由2010年的35.9%提高到48%[5]。

总体而言，目前中国制造业整体上处于全球价值链中低端，高质量就业岗位有效需求不足，从业人员平均受教育年限低于金融业、房地产业、租赁和商务服务业。《中国人口和就业统计年鉴2020》显

---

[1] 中华人民共和国教育部. 中国教育概况——2020年全国教育事业发展情况. http://www.moe.gov.cn/jyb_sjzl/s5990/202111/t20211115_579974.html[2021-11-15].
[2] 习近平. 深入实施新时代人才强国战略 加快建设世界重要人才中心和创新高地. http://www.qstheory.cn/dukan/qs/2021-12/15/c_1128161060.htm[2021-12-15].
[3] 国家统计局社会科技文化产业统计司，科学技术部战略规划司. 中国科技统计年鉴2021. 北京：中国统计出版社，2021.
[4] 中华人民共和国教育部. 2020年全国教育事业发展统计公报. http://www.moe.gov.cn/jyb_sjzl/sjzl_fztjgb/202108/t20210827_555004.html[2021-08-27].
[5] 新华网. 聚天下英才而用之——党的十八大以来我国人才事业创新发展综述. http://www.news.cn/politics/2021-09/28/c_1127910252.htm[2021-09-28].

示[1]，2019年中国制造业部门城镇非私营单位就业人员平均工资为7.8万元，低于全部行业的平均水平（9万元）。2019年制造业从业人员中，小学及未上过学学历的比重为11.8%，初中和高中学历的比重为70.9%，大学专科的比重为10.7%，大学本科及以上的比重为6.6%。金融业从业人员在上述四个学历类别的比重分别为0.9%、28.9%、28.6%、41.7%；房地产业分别为5.9%、55.2%、23.7%、15.2%；租赁和商务服务业分别为4.1%、48.2%、25.0%、22.6%。

五、开放创新压力不断加大，全球合作创新网络亟待强化

百年未有之大变局正在重塑世界政治、科技、经济、社会、环境发展格局，严重影响中国制造业国际技术合作与开放创新。2018年以来，大国战略竞争日趋激烈，局部战争风险加大，地缘政治博弈日趋激烈，主要国家战略竞争领域已经从经贸领域拓展到政治、科技等领域，中国制造业开放创新面临严峻挑战，亟待强化全球技术合作与创新网络。

世界主要国家纷纷从保障国家安全角度出发，强化贸易、对外投资和技术出口管制。2018年8月，特朗普总统签发《出口管制改革法案》[2]，加强供应链安全产品和技术的管制。2019年3月，欧盟委员会发布《欧中战略前景》文件[3]，强调在国际采购、数字安全、国际投资等方面加强对我国的监管。2020年10月开始实施的《欧盟外资审查框架法案》[4]，加大成员国对国际投资的审查和监管，以保证国家安全和欧盟

---

[1] 国家统计局人口和就业统计司. 中国人口和就业统计年鉴2020. 北京：中国统计出版社，2020.

[2] U.S. 50 USC Ch. 58: Export Control Reform. https://www.law.cornell.edu/uscode/text/50/chapter-58[2018-08-13].

[3] European Commission. EU-China Strategic Outlook: Commission and HR/VP contribution to the European Council (21-22 March 2019). https://ec.europa.eu/info/publications/eu-china-strategic-outlook-commission-contribution-european-council-21-22-march-2019_en[2019-03-12].

[4] The European Parliament and of the Council. Regulation (EU) 2019/452 of the European Parliament and of the Council of 19 March 2019 establishing a framework for the screening of foreign direct investments into the Union. https://eur-lex.europa.eu/legal-content/EN/TXT/PDF/?uri=CELEX:32019R0452[2019-03-21].

整体利益。2019年5月日本政府修订《外汇及外国贸易法》[①]，扩大了受限制的外商直接投资范围，包括IT、通信、软件开发和基础设施建设等领域。联合国贸易和发展会议发布的《2021年世界投资报告》显示，2020年全球通过的投资政策措施为152项，其中限制性或监管性措施占全部投资措施的比例达41%，比2019年高17个百分点[②]。

大国战略竞争领域拓展和一系列管制国际技术贸易乃至科技交流合作措施的出台，对我国制造业国际技术合作和开放创新产生重要影响。中国专利调查表明[③]，2019年，18.4%的企业反映遇到过专利技术引进难的情况，比2018年高9.5个百分点。2019年全球PCT专利数量为23.4万件，有外国合作者的专利占比为6.1%；美国、英国、欧盟国家和中国分别为12.7%、23.7%、11.5%和6%[④]；中国申请发明专利数量名列世界第一，但是向海外申请的发明专利数量占发明专利申请数量的6.7%，远低于德国（59.4%）、日本（46.3%）、美国（45.6%）等主要发达国家。

第五节　中国制造业开放创新的政策取向

聚焦建设制造强国总目标，遵循"协同研发、协同设计、协同生产、协同服务、协同发展"总思路，坚持"开放合作、绿色低碳、价值共创、协同发展"基本原则，顺应创新全球化、制造智能化、服务

[①] 経済産業省. 外国為替及び外国貿易法. https://www.meti.go.jp/policy/external_economy/trade_control/01_seido/01_gaitame/gaiyou.html, 2019.

[②] United Nations Conference on Trade and Development. World Investment Report 2021. https://unctad.org/webflyer/world-investment-report-2021.

[③] 国家知识产权局战略规划司，国家知识产权局知识产权发展研究中心. 2021. 2020年中国专利调查报告.

[④] OECD. https://stats.oecd.org/Index.aspx?QueryId=64212#.

数字化发展大势，以提升制造业开放创新能力为主线，以体制机制改革为动力，着力营造制造业开放创新发展良好环境，着力强化自由贸易区和自由贸易港政策推动制造业开放创新的作用，着力解决制造业高质量发展的基础性、前瞻性、战略性问题，着力推动中国制造业融入全球制造与创新网络，构建制造业开放创新命运共同体，加快制造业服务化转型和服务型制造发展，全面提升制造业技术供给能力、市场响应能力和国际竞争力，引领服务型制造发展方向，推动制造业开放创新发展。

一、加强协同研发体系与能力建设，提升制造业技术供给能力

加强制造业技术创新体系建设，提升协同研发和技术供给能力。优化重点领域国家实验室、国家技术创新中心、国家产业创新中心、国家制造业创新中心、国家企业技术中心布局，发展龙头企业牵头、高校院所支撑、创新主体协同攻关的创新联合体，支持行业领军企业布局海外研发中心，鼓励跨国公司、国际著名科研机构在华设立全球研发中心，加强以企业为主体、市场为导向、产学研深度融合的制造业技术创新体系建设。设立制造业技术创新联合基金，协同承担国家重大科技项目和重点研发计划，加强关键基础零部件元器件、关键基础材料、先进基础工艺及相应的产业技术基础研究，提升制造业关键核心技术攻关能力和共性技术供给能力。

二、加强协同设计体系与能力建设，提升制造业市场响应能力

实施制造业设计能力提升专项行动，强化设计主体创新能力和协同设计体系与能力建设。创新工业设计人才培养模式，支持制造业企业、工业设计院、专业设计企业、国家和省级工业设计研究院开展联

合攻关与协同设计，突破设计领域关键核心技术，支持重点行业和战略领域原创设计和标准化，形成一批高水平产业设计主体和专业化设计工具，补齐重点领域设计短板，夯实设计理论、设计规范、设计标准、设计管理、设计验证等基础，提高工业设计能力。建设一批工业设计研究院、工业设计公共服务平台，强化工业设计基础技术支撑与服务，提高设计工具、设计标准、计量测试、检验检测等公共服务水平。强化设计主体创新能力，激发协同设计与创新活力，加快我国工业设计标准国际化进程，全面提升制造业设计能力，以设计创新推动质量变革、效率变革和动力变革。

三、加强协同生产体系与能力建设，提升制造业国际竞争能力

完善产业链供应链主体协同生产机制，加强协同生产体系与创新能力建设，提升制造业国际竞争力。实施领航企业培育工程，培育一批具有生态主导力和核心竞争力的龙头企业，推动中小企业塑造专业化优势，促进大中小企业协同生产和产业链上中下游企业融通创新。实施产业集群创新能力提升工程，聚焦高端芯片、基础软件、生物医药、先进装备等战略性领域，开展世界级先进制造业集群开放创新试点示范，推动制造业向价值链中高端迈进。支持龙头企业构建全球生产和研发体系，建设一批境外制造业合作园区，推动装备、技术、标准、服务走出去，推动产业合作由加工制造环节为主向工艺创新、合作研发、联合设计、品牌培育等高端环节延伸，提升制造业国际化绿色生态协同发展水平与国际竞争力。

四、加强协同服务体系与能力建设，引领服务型制造发展方向

推进服务型制造示范企业和产业集群发展，发展服务型制造新业

态、新模式，加强服务型制造开放创新，引领服务型制造发展方向。加快工业设计服务、定制化服务、供应链管理、共享制造、检验检测认证服务、全生命周期管理、总集成总承包、节能环保服务、生产性金融服务能力建设，健全服务型制造标准体系、公共服务体系，构建服务型制造发展生态。支持制造业龙头企业服务化转型，推动制造商与服务商协同创新业务协作流程和价值创造模式，探索服务型制造新模式，形成制造与服务全方位、宽领域、深层次融合发展格局。鼓励互联网企业与制造业企业协同和全球化发展，加速服务型制造体系数字转型，支持有条件的服务型数字化企业拓展国际市场，提供系统总集成总承包服务。

五、加强协同发展生态与环境建设，推动制造业开放创新发展

（1）营造制造业开放创新的良好营商环境。完善国际经济贸易相关的法律法规，健全产业安全审查机制，有序扩大制造业准入领域，构建一套与国际通行规则相衔接的基本制度体系和监管模式，推动"商品和要素流动型开放"向"规则、规制、管理、标准等制度型开放"转变。

（2）完善制造业对外投资管理服务体系。建立企业、金融机构、地方政府、商会协会等协同对接机制，发展国际化商业咨询服务，为企业境外投资提供法律法规、监管体制、经营资质、质量标准、检验检疫、认证认可、知识产权保护等服务。

（3）建设制造业开放创新示范区。发挥自由贸易区和自由贸易港的政策优势，共建共享开放创新服务平台，对符合条件的企业和个人实行税收优惠。

（4）建设制造业开放创新命运共同体。坚持"平等合作，互惠共赢"价值观，支持创新主体融入全球制造业创新网络，强化创新主体协同，构建价值共创新模式，引领制造业开放创新发展。

第二章
中国制造业创新能力演进

第一节 制造业创新能力评价方法

一、制造业创新能力内涵

制造业创新能力是指制造业在一定发展环境和条件下，从事技术发明、技术扩散、技术成果商业化等活动，实现节能、降耗、减排和获取经济收益的能力[①]。制造业创新能力建设是推动制造业高质量发展的关键，是现代化经济体系建设的重要内容之一，是我国提升综合国力、建设世界强国的必由之路。为实现制造业高质量发展，必须深刻理解制造业创新能力内涵，构建规范的制造业创新能力评价指标体系与评价方法，反映中国制造业不同行业在创新投入、创新条件、创新产出、创新影响等方面的特点和演进趋势，识别影响制造业创新能力建设的重要因素，提出推动制造业创新发展的思路与政策取向。

---

① 中国科学院创新发展研究中心.2009.2009中国创新发展报告.北京：科学出版社.

二、制造业创新能力指数

制造业创新能力涉及创新投入、创新条件、创新产出、创新影响四个方面。制造业创新能力评价指标体系从创新实力和创新效力两个方面表征制造业创新能力，包括2个一级指标、8个二级指标、31个三级指标。制造业创新实力指数主要反映制造业创新活动规模，涉及创新投入实力、创新条件实力、创新产出实力、创新影响实力等四类13个总量指标；制造业创新效力指数主要反映制造业创新活动效率和效益，涉及创新投入效力、创新条件效力、创新产出效力、创新影响效力等四类18个相对指标，如表2-1所示。

表2-1 制造业创新能力指标体系

一级指数		二级指数		三级指标	
指数名称	权重[*]	指数名称	权重	指标名称	权重
创新实力指数	0.50	创新投入实力指数	0.2	R&D（研究与开发）人员全时当量	0.40
				R&D经费内部支出	0.40
				消化吸收经费	0.20
		创新条件实力指数	0.2	企业办研发机构仪器和设备原价	0.20
				企业办研发机构数	0.30
				发明专利拥有量	0.30
				企业办研发机构人员数	0.20
		创新产出实力指数	0.3	发明专利申请量	0.60
				实用新型和外观设计专利申请量	0.40
		创新影响实力指数	0.3	专利所有权转让及许可收入	0.40
				利润总额	0.15
				新产品出口	0.20
				新产品销售收入	0.25
创新效力指数	0.50	创新投入效力指数	0.2	R&D人员全时当量占从业人员比例	0.40
				R&D经费内部支出占主营业务收入比例	0.30
				有R&D活动的企业占全部企业比例	0.15
				消化吸收经费与技术引进经费比例	0.15

续表

一级指数		二级指数		三级指标	
指数名称	权重*	指数名称	权重	指标名称	权重
创新效力指数	0.50	创新条件效力指数	0.2	单位企业办研发机构数对应的企业办研发机构仪器和设备原价	0.20
				单位企业办研发机构人员数对应的企业办研发机构仪器和设备原价	0.30
				企均有效发明专利数	0.20
				设立研发机构的企业占全部企业的比例	0.30
		创新产出效力指数	0.3	每万名R&D人员全时当量发明专利申请数	0.30
				每亿元R&D经费发明专利申请量	0.30
				每万名R&D人员全时当量实用新型和外观设计专利申请量	0.20
				每亿元R&D经费实用新型和外观设计专利申请量	0.20
		创新影响效力指数	0.3	单位能耗对应的利润总额	0.20
				单位从业人员利润	0.15
				新产品出口与新产品销售收入比例	0.10
				新产品开发支出与新产品销售收入比例	0.20
				新产品销售收入占主营业务收入比例	0.15
				每万名R&D人员全时当量专利所有权转让及许可收入	0.20

资料来源：《工业企业科技活动统计年鉴》（2011～2016年）《中国统计年鉴》（2012～2019年）、《企业研发活动情况统计资料》（2016～2018年）、《中国工业统计年鉴》（2014～2015年）。
* 指标权重依据专家赋权确定。

制造业创新能力评价对象为制造业的28个行业，包括"农副食品加工业""食品制造业""酒、饮料和精制茶制造业""烟草制品业""纺织业""纺织服装、服饰业""皮革、毛皮、羽毛及其制品和制鞋业""木材加工和木、竹、藤、棕、草制品业""家具制造业""造纸和纸制品业""印刷和记录媒介复制业""文教、工美、体育和娱乐用品制造业""石油加工、炼焦和核燃料加工业""化学原料和化学制品制造业""医药制造业""化学纤维制造业""橡胶和塑料制品业""非金属矿物制品业""黑色金属冶炼和压延加工业""有色金属冶炼和压延加工业""金属制品业""通用设备制造业""专用设备制造业""交通运输设备制造业""电气机械和器材制造业""计算机、通信和其他电子设备制造业""仪器仪表制造业""其他制造业"[①]。但由于"烟草制品业"性质特殊，无法用本指标体系体现其行业创新能力，故本报告未对"烟草制品业"进行创新能力评价。

三、计算方法和数据来源

制造业创新能力指数是按照制造业创新能力评价指标体系，利用数据标准化方法及加权求和法，对有关数据进行加权汇总的结果，反映了制造业在2010～2018年的创新能力发展情况。在数据标准化处理时，本书结合指标发展趋势分析和专家判断来选取标准化参考值，这不仅使制造业创新能力指数具有历史可比性，而且使制造业创新能力指数未来几年的监测结果和之前的监测结果也具有可比性。

本书采用的数据均来源于公开出版的统计年鉴，主要包括《工业企业科技活动统计年鉴》（2011～2016年）、《中国统计年鉴》（2012～2019年）、《企业研发活动情况统计资料》（2016～2018年）、《中国工业统计年鉴》（2014～2015年），本书采用的数据统计口径是大中型工业企业。2010年，大中型工业企业指按照国家统计局2003年印发的《统计上大中小型企业划分办法（暂行）》（国统字〔2003〕第17号）确定，同时满足从业人员在300人及以上、年主营业务收入在3000万

---

① 《国民经济行业分类与代码》自1984年发布以来，随着我国产业结构的调整及对外开放的扩大等需要，现已经过了四次修订，分别是1994年、2002年、2011年和2017年。根据国家统计局通知：GB/T 4754—2017《国民经济行业分类》国家标准第1号修改单已经国家标准化管理委员会于2019年3月25日批准，自2019年3月29日起实施。本书数据截至2018年，故未采用GB/T 4754—2017《国民经济行业分类》。从2012年起，国家统计局执行GB/T 4754—2011《国民经济行业分类标准》，原来的工业行业大类由39个调整为41个。本书在对比GB/T 4754—2011与GB/T 4754—2002的基础上，结合行业具体细分科目的改变、数据的可得性等情况，综合选取了28个行业。

元及以上、资产总计4000万元及以上的工业企业。2011~2017年，大中型工业企业指按照国家统计局2011年印发的《统计上大中小微型企业划分办法》（国统字〔2011〕75号）确定，2018年大中型工业企业指按照国家统计局2017年印发的《统计上大中小微型企业划分办法》（国统字〔2017〕213号）确定，均指年末从业人员人数在300人及以上、年主营业务收入在2000万及以上的工业企业，大型企业指同时满足年末从业人员人数在1000人及以上、年主营业务收入在4亿元及以上的工业企业，中型企业指年末从业人员人数介于300人（含）至1000人（不含）并且年主营业务收入介于2000万元（含）至4亿元（不含）的工业企业。

第二节　中国制造业创新能力指数

2018年，中国制造业创新能力指数排名前10位的行业依次为"计算机、通信和其他电子设备制造业""电气机械和器材制造业""交通运输设备制造业""专用设备制造业""通用设备制造业""医药制造业""仪器仪表制造业""化学原料和化学制品制造业""黑色金属冶炼和压延加工业""金属制品业"。与2010年相比，"计算机、通信和其他电子设备制造业""电气机械和器材制造业""交通运输设备制造业"3个行业的创新能力指数增幅较大。排名后10位的行业是"石油加工、炼焦和核燃料加工业""印刷和记录媒介复制业""食品制造业""酒、饮料和精制茶制造业""造纸和纸制品业""纺织业""纺织服装、服饰业""皮革、毛皮、羽毛及其制品和制鞋业""木材加工和木、竹、藤、棕、草制品业""农副食品加工业"。与2010年相比，"石油加工、炼焦和核燃料加工业""造纸和纸制品业"的创新能力指数增幅较大。如图2-1所示。

2018年排名	行业	2018年指数值
1	计算机、通信和其他电子设备制造业	48.80
2	电气机械和器材制造业	34.56
3	交通运输设备制造业	30.91
4	专用设备制造业	21.20
5	通用设备制造业	18.76
6	医药制造业	17.94
7	仪器仪表制造业	17.45
8	化学原料和化学制品制造业	15.66
9	黑色金属冶炼和压延加工业	13.97
10	金属制品业	12.93
11	橡胶和塑料制品业	11.15
12	非金属矿物制品业	10.88
13	家具制造业	10.83
14	其他制造业	10.08
15	化学纤维制造业	10.07
16	有色金属冶炼和压延加工业	10.02
17	文教、工美、体育和娱乐用品制造业	9.98
18	石油加工、炼焦和核燃料加工业	9.23
19	印刷和记录媒介复制业	8.68
20	食品制造业	8.63
21	酒、饮料和精制茶制造业	8.56
22	造纸和纸制品业	8.50
23	纺织业	7.99
24	纺织服装、服饰业	6.69
25	皮革、毛皮、羽毛及其制品和制鞋业	6.28
26	木材加工和木、竹、藤、棕、草制品业	6.24
27	农副食品加工业	6.13

图 2-1 中国制造业创新能力指数（2010年、2018年）

2010～2018 年，中国制造业创新能力指数年均增速排名前 10 位的行业依次为"计算机、通信和其他电子设备制造业""石油加工、炼焦和核燃料加工业""电气机械和器材制造业""造纸和纸制品业""黑色金属冶炼和压延加工业""交通运输设备制造业""金属制品业""医药制造业""专用设备制造业""通用设备制造业"，其中有 8 个行业的 2018 年创新能力指数排名前 10 位。创新能力指数年均增速排名后 10 位的行业依次为"印刷和记录媒介复制业""食品制造业""纺织服装、服饰业""化学纤维制造业""纺织业""酒、饮料和精制茶制造业""农副食品加工业""文教、工美、体育和娱乐用品制造业""木材加工和木、竹、藤、棕、草制品业""家具制造业"，其中 7 个行业的 2018 年创新能力指数排名后 10 位。如图 2-2 所示。

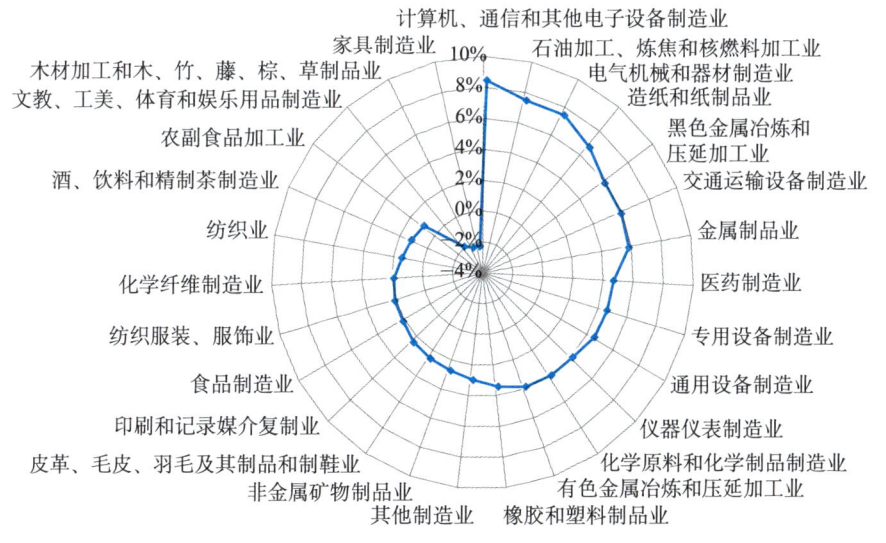

图 2-2　中国制造业创新能力指数年均增速（2010～2018 年）

第三节　中国制造业创新实力指数

2018年，中国制造业创新实力指数排名前10位的行业为"计算机、通信和其他电子设备制造业""电气机械和器材制造业""交通运输设备制造业""专用设备制造业""通用设备制造业""化学原料和化学制品制造业""医药制造业""黑色金属冶炼和压延加工业""非金属矿物制品业""金属制品业"。与2010年相比，"计算机、通信和其他电子设备制造业""电气机械和器材制造业""交通运输设备制造业"3个行业的创新实力指数大幅增加。排名后10位的行业是"文教、工美、体育和娱乐用品制造业""农副食品加工业""纺织服装、服饰业""造纸和纸制品业""家具制造业""化学纤维制造业""皮革、毛皮、羽毛及其制品和制鞋业""印刷和记录媒介复制业""其他制造业""木材加工和木、竹、藤、棕、草制品业"。与2010年相比，"文教、工美、体育和娱乐用品制造业"1个行业的创新实力指数均大幅增加。如图2-3所示。

2010~2018年，中国制造业创新实力指数年均增速排名前10位的行业依次为"家具制造业""文教、工美、体育和娱乐用品制造业""纺织服装、服饰业""金属制品业""计算机、通信和其他电子设备制造业""印刷和记录媒介复制业""皮革、毛皮、羽毛及其制品和制鞋业""造纸和纸制品业""电气机械和器材制造业""石油加工、炼焦和核燃料加工业"，其中3个行业的2018年创新实力指数排名前10位。创新实力指数年均增速排名后10位的行业中，"化学纤维制造业""农副食品加工业""其他制造业"的2018年创新实力指数排名后10位，"通用设备制造业""化学原料和化学制品制造业""黑色金属冶炼和压延加工业"的2018年创新实力指数排名前10位。如图2-4所示。

2018年排名	行业	2018年指数值
1	计算机、通信和其他电子设备制造业	65.15
2	电气机械和器材制造业	39.09
3	交通运输设备制造业	38.66
4	专用设备制造业	16.37
5	通用设备制造业	15.24
6	化学原料和化学制品制造业	14.92
7	医药制造业	11.55
8	黑色金属冶炼和压延加工业	9.82
9	非金属矿物制品业	7.97
10	金属制品业	7.70
11	仪器仪表制造业	6.20
12	橡胶和塑料制品业	5.99
13	有色金属冶炼和压延加工业	5.73
14	纺织业	4.74
15	石油加工、炼焦和核燃料加工业	3.73
16	酒、饮料和精制茶制造业	3.72
17	食品制造业	3.47
18	文教、工美、体育和娱乐用品制造业	3.17
19	农副食品加工业	3.08
20	纺织服装、服饰业	2.82
21	造纸和纸制品业	2.43
22	家具制造业	2.37
23	化学纤维制造业	1.82
24	皮革、毛皮、羽毛及其制品和制鞋业	1.56
25	印刷和记录媒介复制业	1.38
26	其他制造业	0.67
27	木材加工和木、竹、藤、棕、草制品业	0.58

图 2-3　中国制造业创新实力指数（2010年、2018年）

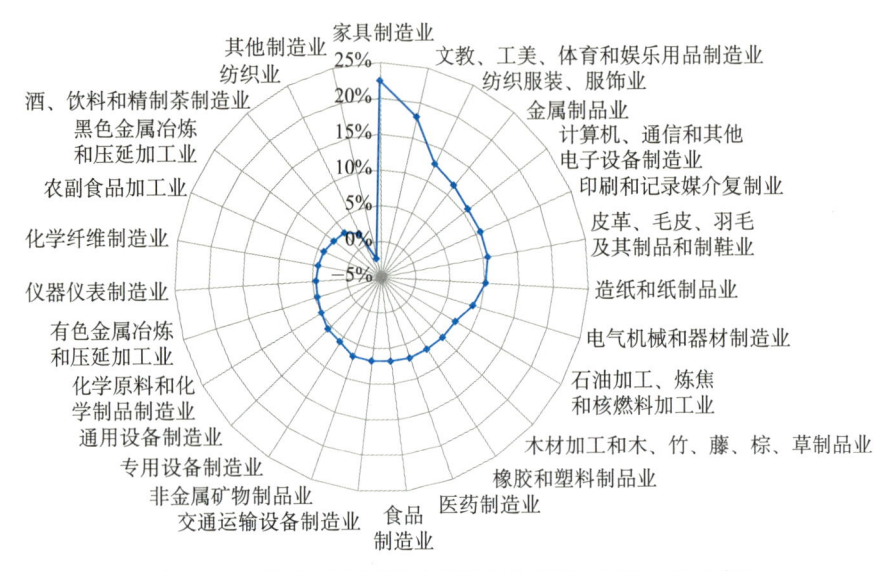

图 2-4 中国制造业创新实力指数年均增速（2010～2018 年）

第四节　中国制造业创新效力指数

2018 年，中国制造业创新效力指数排名前 10 位的行业为"计算机、通信和其他电子设备制造业""电气机械和器材制造业""仪器仪表制造业""专用设备制造业""医药制造业""交通运输设备制造业""通用设备制造业""其他制造业""家具制造业""化学纤维制造业"。与 2010 年相比，"电气机械和器材制造业""计算机、通信和其他电子设备制造业"的创新效力指数增加幅度明显高于其他 8 个行业的创新效力指数。排名后 10 位的行业为"造纸和纸制品业""有色金属冶炼和压延加工业""食品制造业""非金属矿物制品业""酒、饮料和精制茶制造业""木材加工和木、竹、藤、棕、草制品业""纺织业""皮革、毛皮、羽毛及其制品和制鞋业""纺织服装、服饰业""农副食品加工业"。与 2010 年相比，"造纸和纸制品业""有色金属冶炼和压延加工业"

的创新效力指数增加幅度较高。如图 2-5 所示。

2018年排名	行业	2018年指数值
1	计算机、通信和其他电子设备制造业	32.45
2	电气机械和器材制造业	30.03
3	仪器仪表制造业	28.70
4	专用设备制造业	26.02
5	医药制造业	24.32
6	交通运输设备制造业	23.16
7	通用设备制造业	22.28
8	其他制造业	19.49
9	家具制造业	19.28
10	化学纤维制造业	18.32
11	金属制品业	18.17
12	黑色金属冶炼和压延加工业	18.12
13	文教、工美、体育和娱乐用品制造业	16.79
14	化学原料和化学制品制造业	16.39
15	橡胶和塑料制品业	16.31
16	印刷和记录媒介复制业	15.98
17	石油加工、炼焦和核燃料加工业	14.73
18	造纸和纸制品业	14.57
19	有色金属冶炼和压延加工业	14.31
20	食品制造业	13.80
21	非金属矿物制品业	13.79
22	酒、饮料和精制茶制造业	13.39
23	木材加工和木、竹、藤、棕、草制品业	11.90
24	纺织业	11.23
25	皮革、毛皮、羽毛及其制品和制鞋业	10.99
26	纺织服装、服饰业	10.56
27	农副食品加工业	9.18

图 2-5 中国制造业创新效力指数（2010 年、2018 年）

2010～2018年，中国制造业创新效力指数年均增速排名前10位的行业依次为"石油加工、炼焦和核燃料加工业""黑色金属冶炼和压延加工业""造纸和纸制品业""电气机械和器材制造业""计算机、通信和其他电子设备制造业""交通运输设备制造业""仪器仪表制造业""金属制品业""专用设备制造业""有色金属冶炼和压延加工业"，其中5个行业的2018年创新效力指数排名前10位。创新效力指数年均增速排名后10位的行业中，"皮革、毛皮、羽毛及其制品和制鞋业""纺织业""食品制造业""酒、饮料和精制茶制造业""非金属矿物制品业""纺织服装、服饰业""农副食品加工业""木材加工和木、竹、藤、棕、草制品业"的2018年创新效力指数排名后10位，"家具制造业"的2018年创新效力指数排名前10位。如图2-6所示。

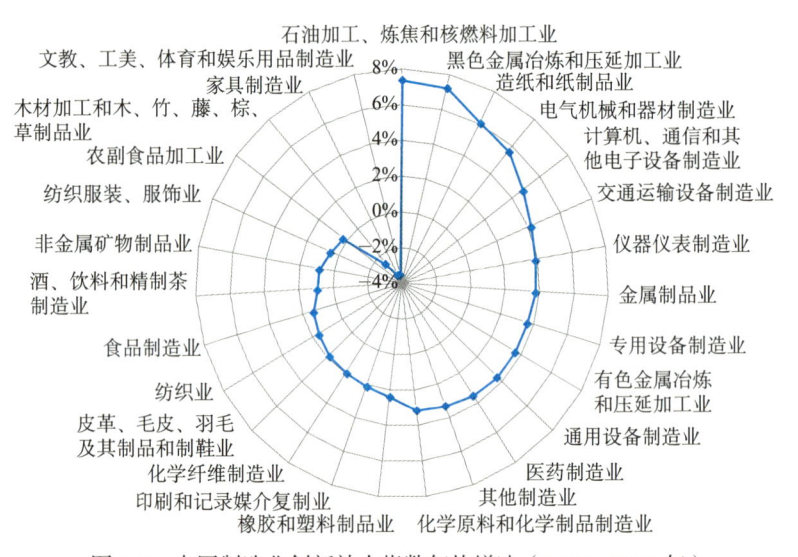

图2-6 中国制造业创新效力指数年均增速（2010～2018年）

第五节 中国制造业创新实力与创新效力

本书依据创新实力指数和创新效力指数两个指标对中国制造业进行分类，将中国制造业分为四类：创新领先型产业、创新先进型产业、创新追赶型产业、转型升级型产业。其中，创新领先型产业和创新先进型产业的创新特色鲜明，创新追赶型产业需要着力解决创新效率和效益问题，转型升级型产业均为传统产业，需要抓住新技术革命和数字转型的机遇，全面提升创新能力。

2010年，制造业中的不同行业根据创新实力指数和创新效力指数的排名高低可分为四类[①]，其中A类为创新领先型产业，即处于创新实力高、创新效力高象限内的产业，包括"医药制造业""通用设备制造业""专用设备制造业""交通运输设备制造业""电气机械和器材制造业""计算机、通信和其他电子设备制造业"等；B类为创新先进型产业，即处于创新效力高、创新实力低象限内的产业，包括"家具制造业""文教、工美、体育和娱乐用品制造业""化学纤维制造业""仪器仪表制造业""其他制造业"；C类为创新追赶型产业，即处于创新效力低、创新实力高象限内的产业，包括"化学原料和化学制品制造业""黑色金属冶炼和压延加工业"；D类为转型升级型产业，即处于创新效力低、创新实力低象限内的产业，包括"农副食品加工业""食品制造业""酒、饮料和精制茶制造业""纺织业""纺织服装、服饰业""皮革、毛皮、羽毛及其制品和制鞋业""木材加工和木、竹、藤、棕、草制品业""造纸和纸制品业""印刷和记录媒介复制业""石油加工、炼焦和核燃料加工业""橡胶和塑料制品业""非金属矿物制品业""有色金属冶炼和压延加工业""金属制品业"。

2018年，制造业中的不同行业根据创新实力指数和创新效力指数的排名高低可分为四类。其中，A类为创新领先型产业，即处于创新实力高、创新效力高象限内的产业，包括"医药制造业""通用设备制造业""专用设备制造业""交通运输设备制造业""电气机械和器材制造业""计算机、通信和其他电子设备制造业"等；B类为创新先进型产业，即处于创新效力高、创新实力低象限内的产业，包括"家具制造业""化学纤维制造业""黑色金属冶炼和压延加工业""金属制品业""仪器仪表制造业""其他制造业"；C类为创新追赶型产业，即处于创新效力低、创新实力高象限内的产业，包括"化学原料和化学制品制造业"；D类为转型升级型产业，即处于创新效力低、创新实力低象限内的产业，包括"农副食品加工业""食品制造业""酒、饮料和精制茶制造业""纺织业""纺织服装、服饰业""皮革、毛皮、羽毛及其制品和制鞋业""木材加工和木、竹、藤、棕、草制品业""造纸和纸制品业""印刷和记录媒介复制业""文教、工美、体育和娱乐用品制造业""石油加工、炼焦和核燃料加工业""橡胶和塑料制品业""非金属矿物制品业""有色金属冶炼和压延加工业"。

与 2010 年相比，2018 年"黑色金属冶炼和压延加工业"由创新追赶型产业变为了创新先进型产业，"金属制品业"由转型升级型产业变为了创新先进型产业。但"文教、工美、体育和娱乐用品制造业"由创新先进型产业降为了转型升级型产业。值得指出的是，2018 年"计算机、通信和其他电子设备制造业"单位从业人员利润仅高于"其他制造业""皮革、毛皮、羽毛及其制品和制鞋业""纺织服装、服饰业""纺织业""木材加工和木、竹、藤、棕、草制品业""文教、工美、体育和娱乐用品制造业""橡胶和塑料制品业""家具制造业""金属制品业""农副食品加工业""印刷和记录媒介复制业"，"石油加工、炼焦和核燃料加工业"单位从业人员利润位居第 1 位，远高于其他行业。如图 2-7～图 2-10 所示。

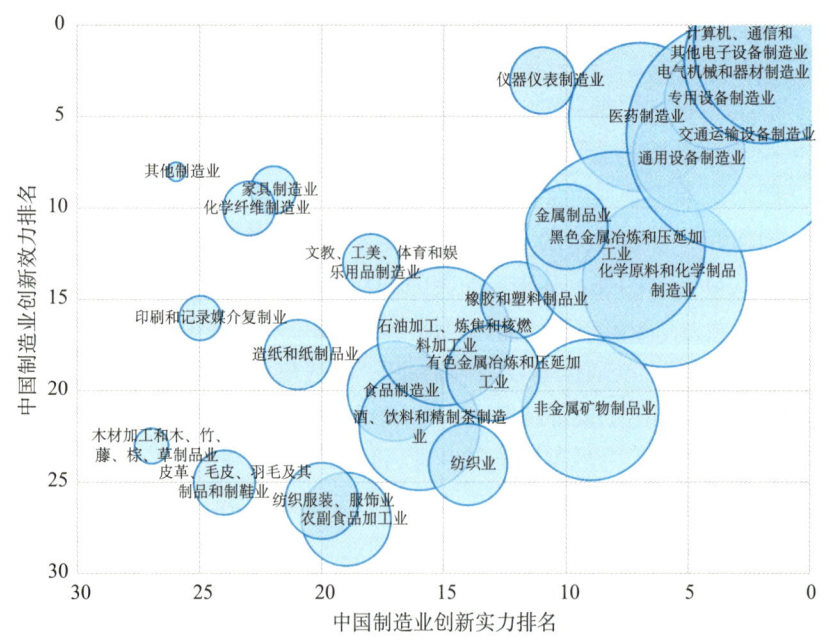

图 2-7　2018 年中国制造业创新实力指数与创新效力指数排名
（气泡大小表征利润总额）

第二章　中国制造业创新能力演进

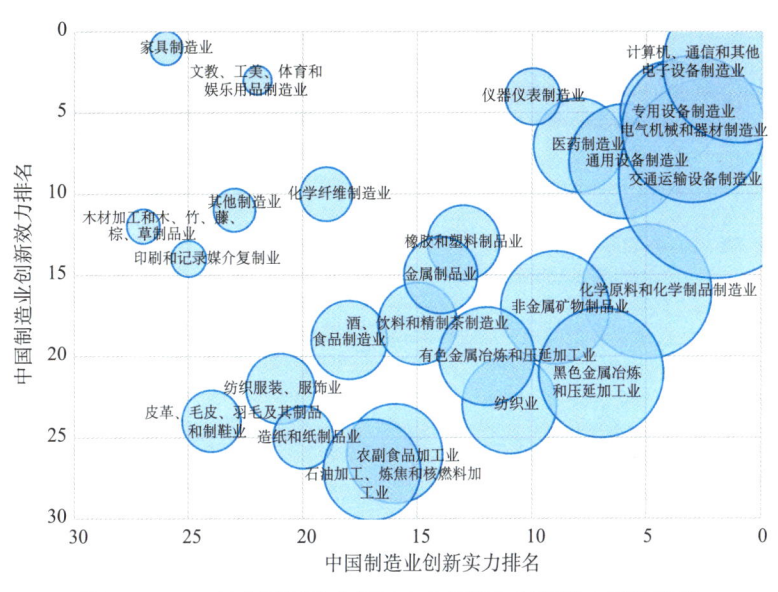

图 2-8　2010 年中国制造业创新实力指数与创新效力指数排名
（气泡大小表征利润总额）

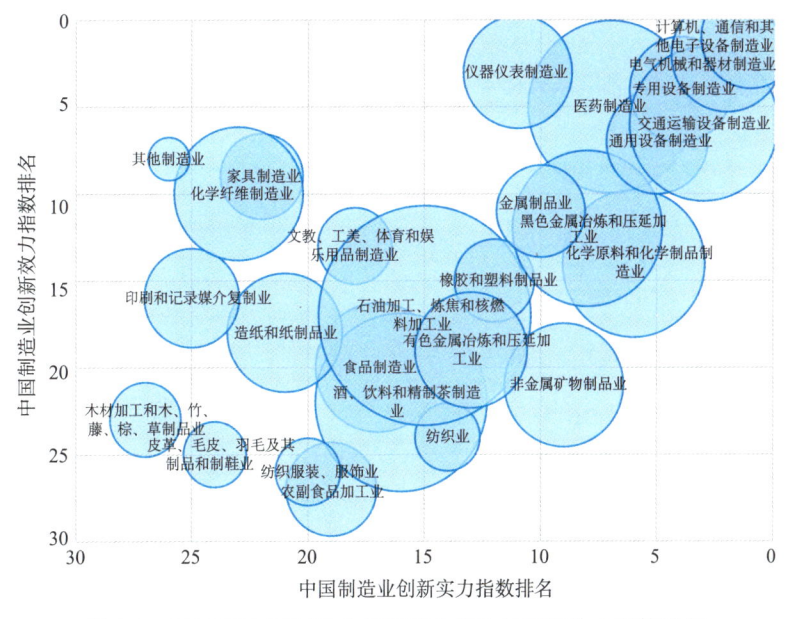

图 2-9　2018 年中国制造业创新实力指数与创新效力指数排名
（气泡大小表征单位从业人员利润）

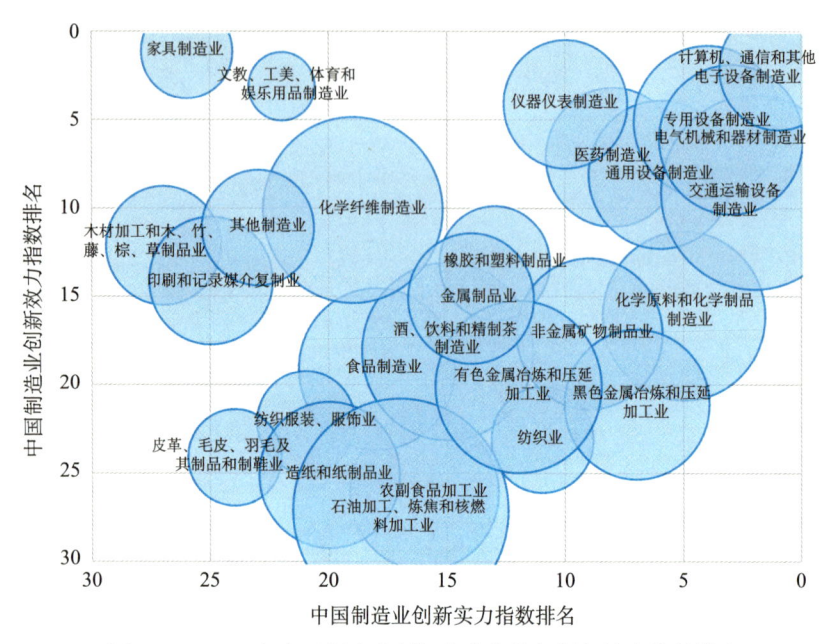

图 2-10　2010 年中国制造业创新实力指数与创新效力指数排名

（气泡大小表征单位从业人员利润）

第三章

中国制造业创新实力演进

第一节　创新投入实力指数

2018年，中国制造业创新投入实力指数排名前10位的行业分别是"计算机、通信和其他电子设备制造业""交通运输设备制造业""电气机械和器材制造业""通用设备制造业""化学原料和化学制品制造业""黑色金属冶炼和压延加工业""专用设备制造业""医药制造业""有色金属冶炼和压延加工业""金属制品业"，与2010年相比，"计算机、通信和其他电子设备制造业""交通运输设备制造业""电气机械和器材制造业"的创新投入实力指数增加幅度较大。排名后10位的行业分别是"农副食品加工业""纺织服装、服饰业""文教、工美、体育和娱乐用品制造业""化学纤维制造业""酒、饮料和精制茶制造业""家具制造业""皮革、毛皮、羽毛及其制品和制鞋业""印刷和记录媒介复制业""其他制造业""木材加工和木、竹、藤、棕、草制品业"。与2010年相比，"文教、工美、体育和娱乐用品制造业""纺织服装、服饰业""家具制造业""农副食品加工业""皮革、毛皮、羽毛及其制品和制鞋业"的创新投入实力指数增加幅度较大。如图3-1所示。

2018年排名	行业	2018年指数值
1	计算机、通信和其他电子设备制造业	65.62
2	交通运输设备制造业	57.05
3	电气机械和器材制造业	30.70
4	通用设备制造业	16.43
5	化学原料和化学制品制造业	15.15
6	黑色金属冶炼和压延加工业	15.01
7	专用设备制造业	14.78
8	医药制造业	14.04
9	有色金属冶炼和压延加工业	8.23
10	金属制品业	7.95
11	非金属矿物制品业	7.47
12	橡胶和塑料制品业	6.78
13	纺织业	6.19
14	仪器仪表制造业	4.84
15	石油加工、炼焦和核燃料加工业	3.64
16	食品制造业	3.63
17	造纸和纸制品业	3.52
18	农副食品加工业	3.44
19	纺织服装、服饰业	3.19
20	文教、工美、体育和娱乐用品制造业	2.72
21	化学纤维制造业	2.30
22	酒、饮料和精制茶制造业	2.11
23	家具制造业	1.90
24	皮革、毛皮、羽毛及其制品和制鞋业	1.64
25	印刷和记录媒介复制业	1.25
26	其他制造业	0.71
27	木材加工和木、竹、藤、棕、草制品业	0.53

图 3-1　中国制造业创新投入实力指数（2010 年、2018 年）

2010~2018年，中国制造业创新投入实力指数年均增速排名前10位的行业依次为"家具制造业""文教、工美、体育和娱乐用品制造业""木材加工和木、竹、藤、棕、草制品业""纺织服装、服饰业""皮革、毛皮、羽毛及其制品和制鞋业""印刷和记录媒介复制业""金属制品业""造纸和纸制品业""食品制造业""计算机、通信和其他电子设备制造业"，其中"金属制品业""计算机、通信和其他电子设备制造业"的2018年创新投入实力指数排名前10位。创新投入实力指数年均增速排名后10位的行业中，"专用设备制造业""化学原料和化学制品制造业""通用设备制造业""有色金属冶炼和压延加工业""黑色金属冶炼和压延加工业"的2018年创新投入实力指数排名前10位，"化学纤维制造业""其他制造业""酒、饮料和精制茶制造业"的2018年创新投入实力指数排名后10位。如图3-2所示。

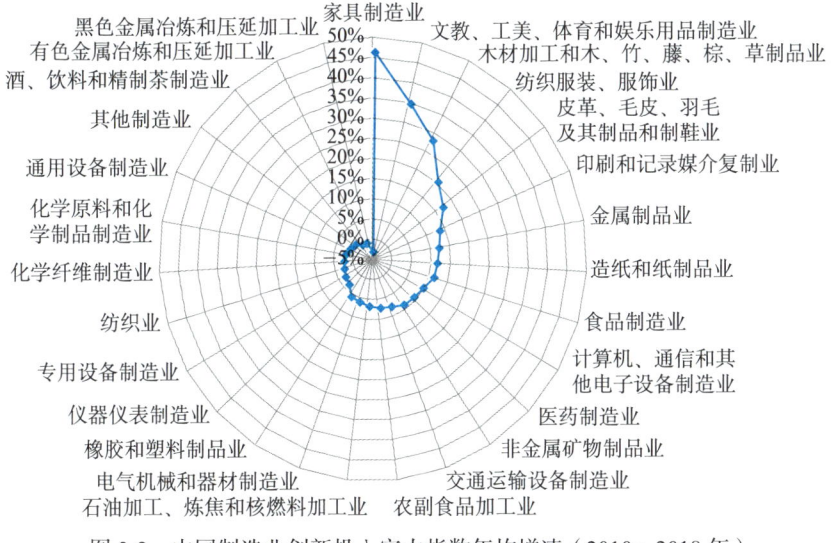

图3-2 中国制造业创新投入实力指数年均增速（2010~2018年）

第二节 创新条件实力指数

2018年，中国制造业创新条件实力指数排名前10位的行业分别为"计算机、通信和其他电子设备制造业""电气机械和器材制造业""交通运输设备制造业""通用设备制造业""专用设备制造业""化学原料和化学制品制造业""医药制造业""金属制品业""橡胶和塑料制品业""非金属矿物制品业"。与2010年相比，"计算机、通信和其他电子设备制造业"的创新条件实力指数增加幅度明显较高。排名后10位的行业分别为"食品制造业""造纸和纸制品业""酒、饮料和精制茶制造业""家具制造业""石油加工、炼焦和核燃料加工业""化学纤维制造业""皮革、毛皮、羽毛及其制品和制鞋业""印刷和记录媒介复制业""木材加工和木、竹、藤、棕、草制品业""其他制造业"。与2010年相比，"家具制造业""食品制造业""造纸和纸制品业"的创新条件实力指数增加幅度明显较高。如图3-3所示。

2010～2018年，中国制造业创新条件实力指数年均增速排名前10位的行业依次为"家具制造业""文教、工美、体育和娱乐用品制造业""印刷和记录媒介复制业""纺织服装、服饰业""金属制品业""计算机、通信和其他电子设备制造业""皮革、毛皮、羽毛及其制品和制鞋业""石油加工、炼焦和核燃料加工业""造纸和纸制品业""木材加工和木、竹、藤、棕、草制品业"，其中"金属制品业""计算机、通信和其他电子设备制造业"的2018年创新条件实力指数排名前10位。创新条件实力指数年均增速排名后10位的行业中，"非金属矿物制品业""专用设备制造业""通用设备制造业""化学原料和化学制品制造业"的2018年创新条件实力指数排名前10位，"酒、饮料和精制茶制造业""其他制造业"的2018年创新条件实力指数排名后10位。如图3-4所示。

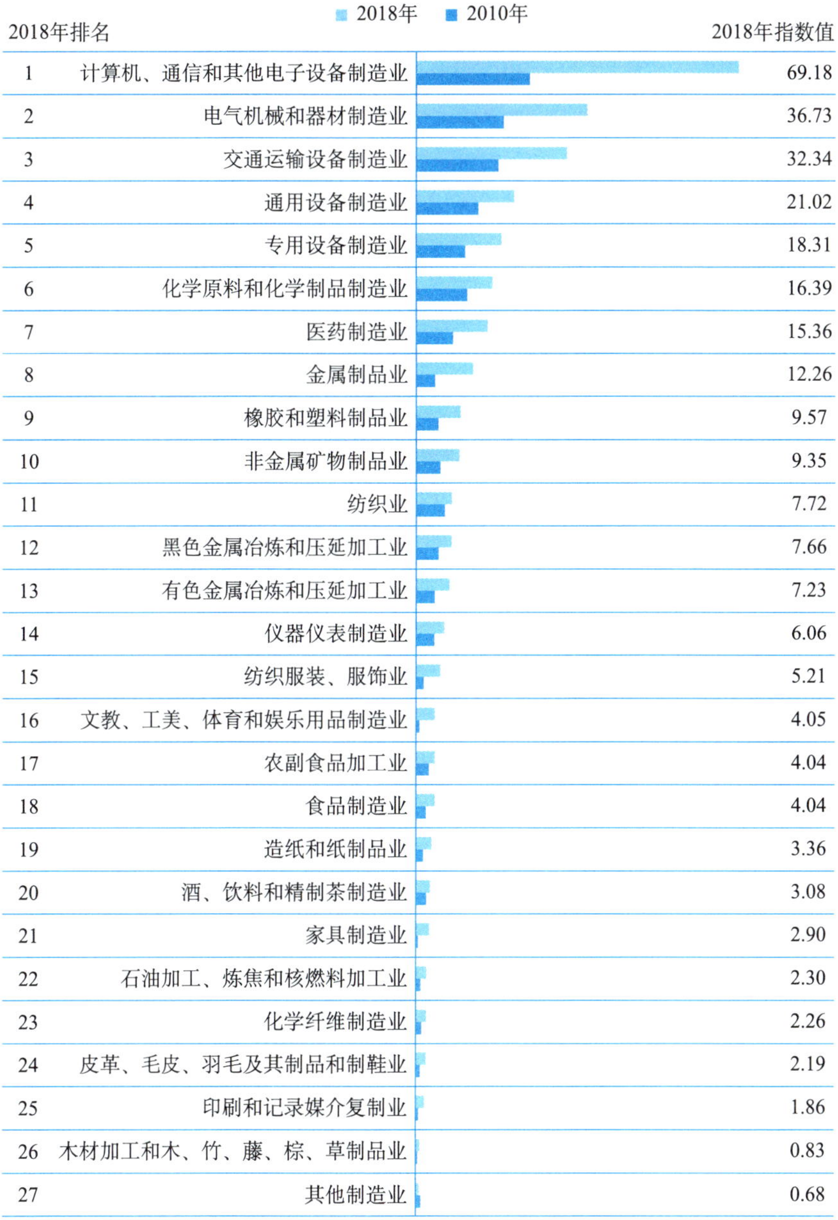

第三章　中国制造业创新实力演进　　53

2018年排名	行业	2018年指数值
1	计算机、通信和其他电子设备制造业	69.18
2	电气机械和器材制造业	36.73
3	交通运输设备制造业	32.34
4	通用设备制造业	21.02
5	专用设备制造业	18.31
6	化学原料和化学制品制造业	16.39
7	医药制造业	15.36
8	金属制品业	12.26
9	橡胶和塑料制品业	9.57
10	非金属矿物制品业	9.35
11	纺织业	7.72
12	黑色金属冶炼和压延加工业	7.66
13	有色金属冶炼和压延加工业	7.23
14	仪器仪表制造业	6.06
15	纺织服装、服饰业	5.21
16	文教、工美、体育和娱乐用品制造业	4.05
17	农副食品加工业	4.04
18	食品制造业	4.04
19	造纸和纸制品业	3.36
20	酒、饮料和精制茶制造业	3.08
21	家具制造业	2.90
22	石油加工、炼焦和核燃料加工业	2.30
23	化学纤维制造业	2.26
24	皮革、毛皮、羽毛及其制品和制鞋业	2.19
25	印刷和记录媒介复制业	1.86
26	木材加工和木、竹、藤、棕、草制品业	0.83
27	其他制造业	0.68

图 3-3　中国制造业创新条件实力指数（2010 年、2018 年）

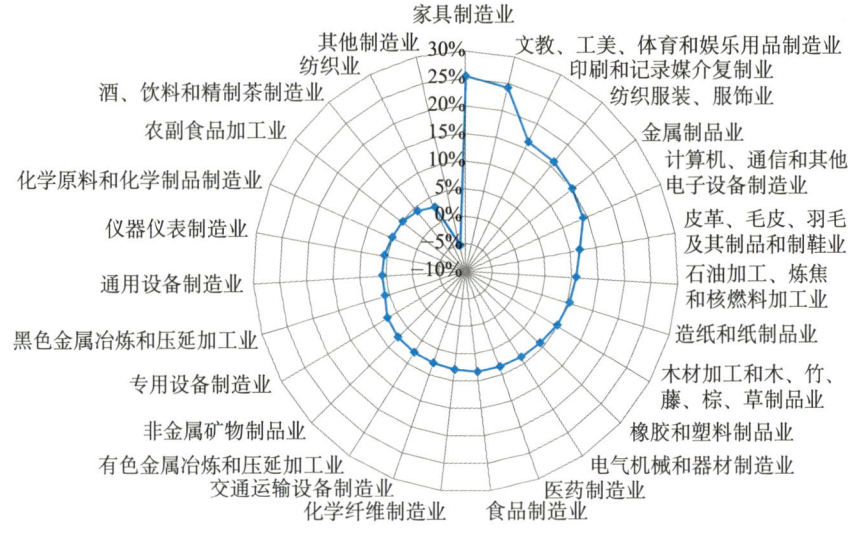

图 3-4　中国制造业创新条件实力指数年均增速（2010～2018 年）

第三节　创新产出实力指数

2018 年，中国制造业创新产出实力指数排名前 10 位的行业分别为"计算机、通信和其他电子设备制造业""电气机械和器材制造业""交通运输设备制造业""专用设备制造业""通用设备制造业""化学原料和化学制品制造业""金属制品业""黑色金属冶炼和压延加工业""仪器仪表制造业""非金属矿物制品业"。与 2010 年相比，"计算机、通信和其他电子设备制造业""电气机械和器材制造业"的创新产出实力指数均大幅上升。排名后 10 位的行业分别为"纺织服装、服饰业""农副食品加工业""皮革、毛皮、羽毛及其制品和制鞋业""造纸和纸制品业""印刷和记录媒介复制业""酒、饮料和精制茶制造业""石油加工、炼焦和核燃料加工业""其他制造业""化学纤维制造业""木材加工和木、竹、藤、棕、草制品业"。与 2010 年相比，"皮革、毛皮、羽毛及其制品和制鞋业""纺织服装、服饰业""印刷和记录媒介复制业""造纸和纸制品业"的创新产出实力指数增加幅度较大。如图 3-5 所示。

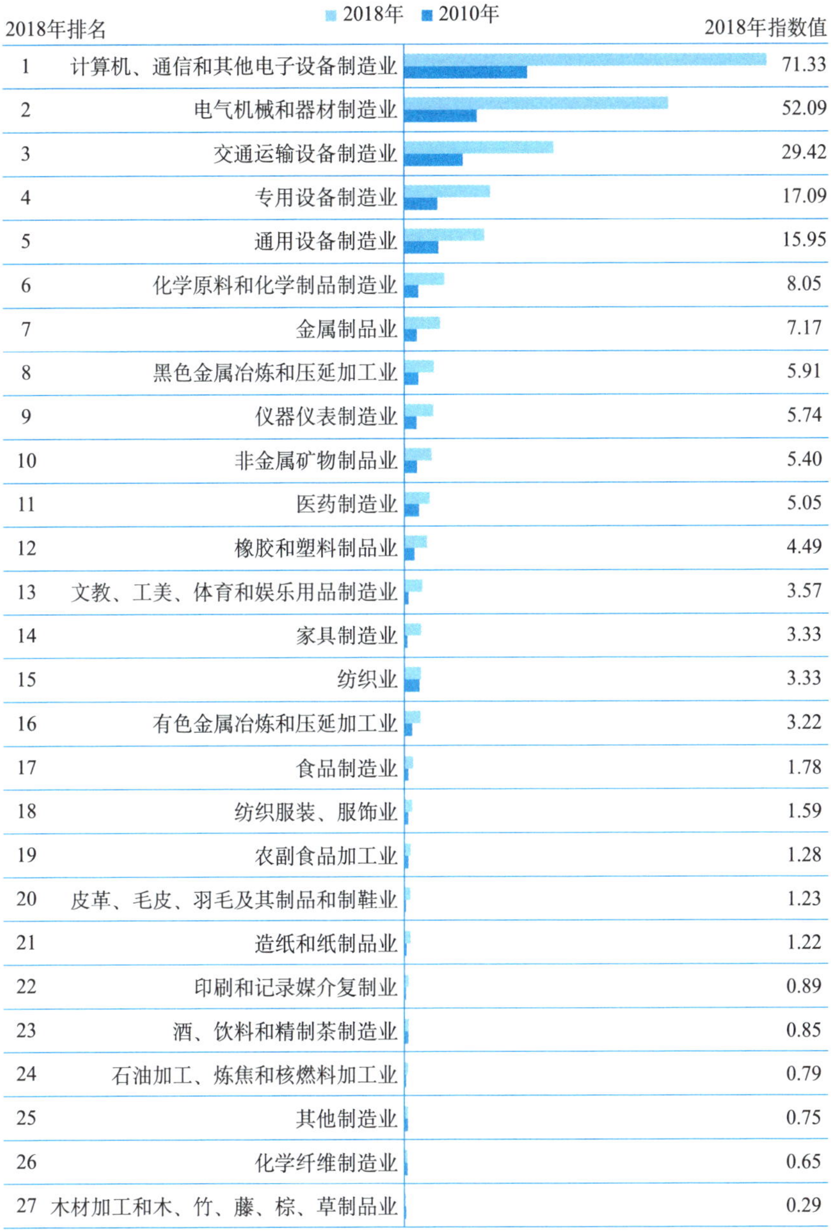

第三章 中国制造业创新实力演进　　55

2018年排名	行业	2018年指数值
1	计算机、通信和其他电子设备制造业	71.33
2	电气机械和器材制造业	52.09
3	交通运输设备制造业	29.42
4	专用设备制造业	17.09
5	通用设备制造业	15.95
6	化学原料和化学制品制造业	8.05
7	金属制品业	7.17
8	黑色金属冶炼和压延加工业	5.91
9	仪器仪表制造业	5.74
10	非金属矿物制品业	5.40
11	医药制造业	5.05
12	橡胶和塑料制品业	4.49
13	文教、工美、体育和娱乐用品制造业	3.57
14	家具制造业	3.33
15	纺织业	3.33
16	有色金属冶炼和压延加工业	3.22
17	食品制造业	1.78
18	纺织服装、服饰业	1.59
19	农副食品加工业	1.28
20	皮革、毛皮、羽毛及其制品和制鞋业	1.23
21	造纸和纸制品业	1.22
22	印刷和记录媒介复制业	0.89
23	酒、饮料和精制茶制造业	0.85
24	石油加工、炼焦和核燃料加工业	0.79
25	其他制造业	0.75
26	化学纤维制造业	0.65
27	木材加工和木、竹、藤、棕、草制品业	0.29

图 3-5　中国制造业创新产出实力指数（2010年、2018年）

2010～2018年，中国制造业创新产出实力指数年均增速排名前10位的行业依次为"印刷和记录媒介复制业""石油加工、炼焦和核燃料加工业""家具制造业""文教、工美、体育和娱乐用品制造业""皮革、毛皮、羽毛及其制品和制鞋业""电气机械和器材制造业""计算机、通信和其他电子设备制造业""化学原料和化学制品制造业""金属制品业""造纸和纸制品业"。其中，"电气机械和器材制造业""计算机、通信和其他电子设备制造业""化学原料和化学制品制造业""金属制品业"的2018年创新产出实力指数排名前10位。创新产出实力指数年均增速排名后10位的行业中，"非金属矿物制品业""黑色金属冶炼和压延加工业"的2018年创新产出实力指数排名前10位，"纺织服装、服饰业""农副食品加工业""酒、饮料和精制茶制造业""化学纤维制造业""其他制造业"的2018年创新产出实力指数年均增速排名后10位。如图3-6所示。

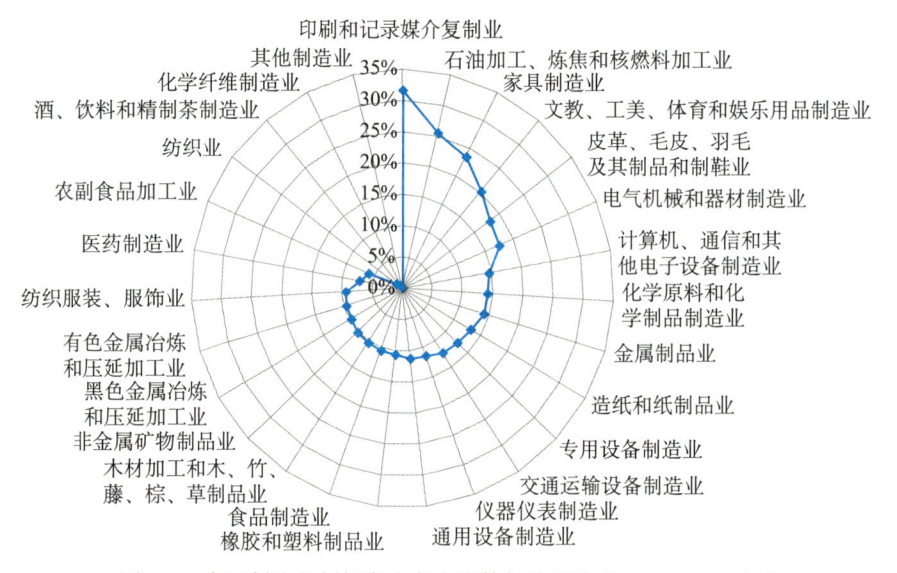

图3-6 中国制造业创新产出实力指数年均增速（2010～2018年）

第四节 创新影响实力指数

2018 年，中国制造业创新影响实力指数排名前 10 位的行业分别为"计算机、通信和其他电子设备制造业""交通运输设备制造业""电气机械和器材制造业""化学原料和化学制品制造业""专用设备制造业""医药制造业""黑色金属冶炼和压延加工业""非金属矿物制品业""通用设备制造业""酒、饮料和精制茶制造业"。与 2010 年相比，"计算机、通信和其他电子设备制造业"的创新影响实力指数增加幅度明显高于其他 9 个行业。排名后 10 位的行业分别为"纺织业""文教、工美、体育和娱乐用品制造业""化学纤维制造业""造纸和纸制品业""纺织服装、服饰业""印刷和记录媒介复制业""皮革、毛皮、羽毛及其制品和制鞋业""家具制造业""木材加工和木、竹、藤、棕、草制品业""其他制造业"。与 2010 年相比，"文教、工美、体育和娱乐用品制造业""造纸和纸制品业"的创新影响实力指数增加幅度较高。如图 3-7 所示。

2010～2018 年，中国制造业创新影响实力指数年均增速排名前 10 位的行业依次为"家具制造业""造纸和纸制品业""黑色金属冶炼和压延加工业""文教、工美、体育和娱乐用品制造业""纺织服装、服饰业""计算机、通信和其他电子设备制造业""石油加工、炼焦和核燃料加工业""有色金属冶炼和压延加工业""金属制品业""医药制造业"，其中"黑色金属冶炼和压延加工业""计算机、通信和其他电子设备制造业""医药制造业"的 2018 年创新影响实力指数排名前 10 位。创新影响实力指数年均增速排名后 10 位的行业中，"电气机械和器材制造业""交通运输设备制造业""通用设备制造业""专用设备制造业"的 2018 年创新影响实力指数排名前 10 位，"木材加工和木、竹、藤、棕、草制品业""纺织业""其他制造业"的 2018 年创新影响实力指数排名后 10 位。如图 3-8 所示。

2018年排名	行业	2018年指数值
1	计算机、通信和其他电子设备制造业	55.98
2	交通运输设备制造业	39.87
3	电气机械和器材制造业	33.24
4	化学原料和化学制品制造业	20.67
5	专用设备制造业	15.40
6	医药制造业	13.85
7	黑色金属冶炼和压延加工业	11.70
8	非金属矿物制品业	9.95
9	通用设备制造业	9.88
10	酒、饮料和精制茶制造业	8.10
11	仪器仪表制造业	7.67
12	石油加工、炼焦和核燃料加工业	7.67
13	有色金属冶炼和压延加工业	5.56
14	金属制品业	5.03
15	食品制造业	4.67
16	橡胶和塑料制品业	4.59
17	农副食品加工业	4.00
18	纺织业	3.21
19	文教、工美、体育和娱乐用品制造业	2.50
20	化学纤维制造业	2.38
21	造纸和纸制品业	2.28
22	纺织服装、服饰业	2.20
23	印刷和记录媒介复制业	1.65
24	皮革、毛皮、羽毛及其制品和制鞋业	1.42
25	家具制造业	1.38
26	木材加工和木、竹、藤、棕、草制品业	0.75
27	其他制造业	0.57

图 3-7　中国制造业创新影响实力指数（2010 年、2018 年）

第三章 中国制造业创新实力演进

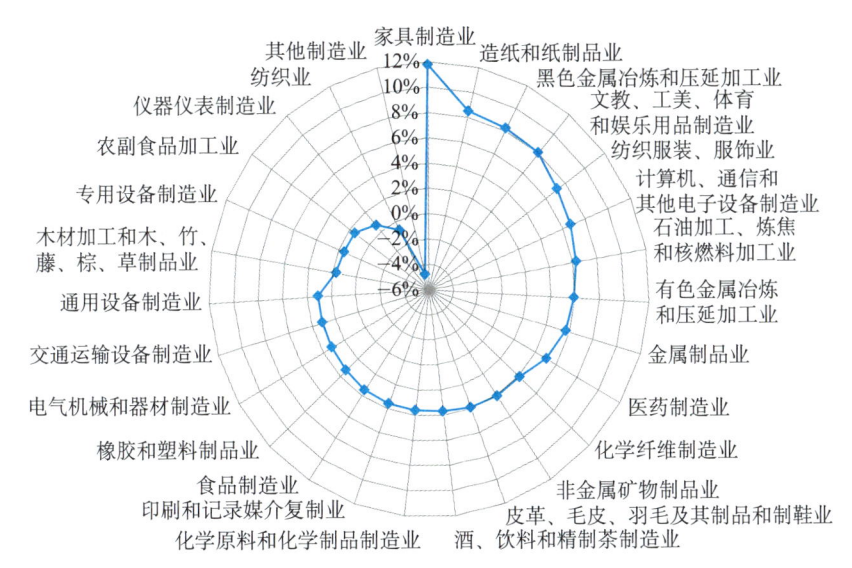

图 3-8 中国制造业创新影响实力指数年均增速（2010~2018 年）

第四章
中国制造业创新效力演进

第一节 创新投入效力指数

2018年，中国制造业创新投入效力指数排名前10位的行业分别是"医药制造业""计算机、通信和其他电子设备制造业""专用设备制造业""仪器仪表制造业""交通运输设备制造业""电气机械和器材制造业""通用设备制造业""化学纤维制造业""金属制品业""造纸和纸制品业"。与2010年相比，"医药制造业""金属制品业""造纸和纸制品业"等的创新投入效力指数增加幅度较高。排名后10位的行业分别是"文教、工美、体育和娱乐用品制造业""其他制造业""食品制造业""纺织业""酒、饮料和精制茶制造业""石油加工、炼焦和核燃料加工业""纺织服装、服饰业""农副食品加工业""木材加工和木、竹、藤、棕、草制品业""皮革、毛皮、羽毛及其制品和制鞋业"。与2010年相比，"文教、工美、体育和娱乐用品制造业""其他制造业""食品制造业""纺织服装、服饰业""木材加工和木、竹、藤、棕、草制品业""皮革、毛皮、羽毛及其制品和制鞋业"的创新投入效力指数增加幅度较高。如图4-1所示。

第四章 中国制造业创新效力演进

2018年排名	行业	2018年指数值
1	医药制造业	42.53
2	计算机、通信和其他电子设备制造业	42.00
3	专用设备制造业	38.56
4	仪器仪表制造业	38.05
5	交通运输设备制造业	37.45
6	电气机械和器材制造业	34.54
7	通用设备制造业	32.23
8	化学纤维制造业	29.65
9	金属制品业	24.31
10	造纸和纸制品业	22.73
11	化学原料和化学制品制造业	21.96
12	橡胶和塑料制品业	20.38
13	有色金属冶炼和压延加工业	20.31
14	印刷和记录媒介复制业	19.55
15	家具制造业	19.44
16	黑色金属冶炼和压延加工业	16.47
17	非金属矿物制品业	15.03
18	文教、工美、体育和娱乐用品制造业	14.50
19	其他制造业	14.15
20	食品制造业	13.39
21	纺织业	11.42
22	酒、饮料和精制茶制造业	10.54
23	石油加工、炼焦和核燃料加工业	8.76
24	纺织服装、服饰业	7.66
25	农副食品加工业	7.37
26	木材加工和木、竹、藤、棕、草制品业	6.65
27	皮革、毛皮、羽毛及其制品和制鞋业	5.52

图4-1 中国制造业创新投入效力指数（2010年、2018年）

2010～2018 年，中国制造业创新投入效力指数年均增速排名前 10 位的行业依次为"家具制造业""文教、工美、体育和娱乐用品制造业""皮革、毛皮、羽毛及其制品和制鞋业""纺织服装、服饰业""造纸和纸制品业""木材加工和木、竹、藤、棕、草制品业""金属制品业""医药制造业""食品制造业""其他制造业"，其中"医药制造业""金属制品业""造纸和纸制品业"的 2018 年创新投入效力指数排名前 10 位。创新投入效力指数年均增速排名后 10 位的行业中，"仪器仪表制造业""化学纤维制造业""专用设备制造业""通用设备制造业"的 2018 年创新投入效力指数排名前 10 位，"石油加工、炼焦和核燃料加工业""酒、饮料和精制茶制造业"的 2018 年创新投入效力指数排名后 10 位。如图 4-2 所示。

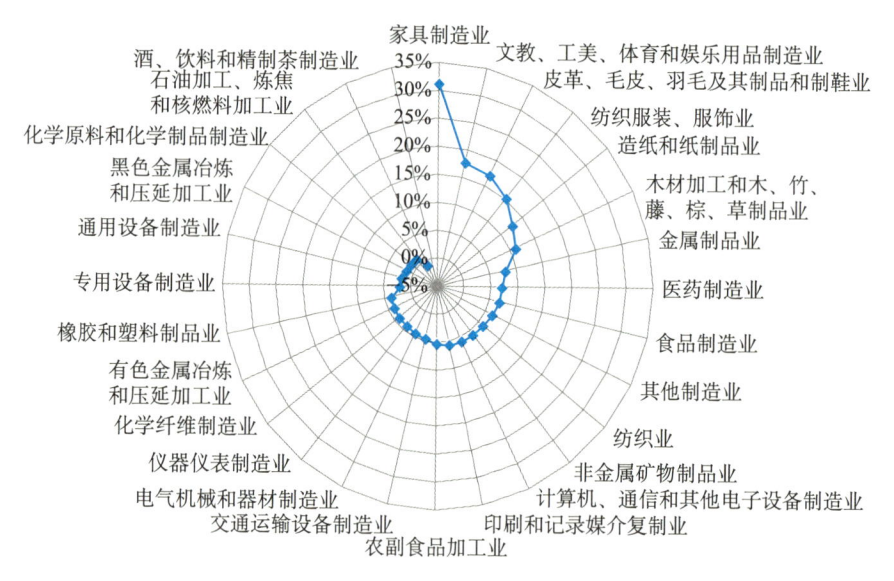

图 4-2　中国制造业创新投入效力指数年均增速（2010～2018 年）

第二节 创新条件效力指数

2018年，中国制造业创新条件效力指数排名前10位的行业分别是"黑色金属冶炼和压延加工业""石油加工、炼焦和核燃料加工业""计算机、通信和其他电子设备制造业""化学纤维制造业""有色金属冶炼和压延加工业""医药制造业""交通运输设备制造业""造纸和纸制品业""通用设备制造业""电气机械和器材制造业"。与2010年相比，"黑色金属冶炼和压延加工业""石油加工、炼焦和核燃料加工业""计算机、通信和其他电子设备制造业""有色金属冶炼和压延加工业""造纸和纸制品业"的创新条件效力指数增加幅度较高。排名后10位的行业分别是"酒、饮料和精制茶制造业""印刷和记录媒介复制业""食品制造业""农副食品加工业""非金属矿物制品业""纺织业""家具制造业""纺织服装、服饰业""文教、工美、体育和娱乐用品制造业""皮革、毛皮、羽毛及其制品和制鞋业"。与2010年相比，"食品制造业""农副食品加工业""家具制造业""纺织服装、服饰业"的创新条件效力指数增加幅度较高。如图4-3所示。

2010~2018年，中国制造业创新条件效力指数年均增速排名前10位的行业依次为"黑色金属冶炼和压延加工业""石油加工、炼焦和核燃料加工业""木材加工和木、竹、藤、棕、草制品业""纺织服装、服饰业""造纸和纸制品业""金属制品业""有色金属冶炼和压延加工业""计算机、通信和其他电子设备制造业""仪器仪表制造业""农副食品加工业"。其中，"黑色金属冶炼和压延加工业""石油加工、炼焦和核燃料加工业""造纸和纸制品业""有色金属冶炼和压延加工业""计算机、通信和其他电子设备制造业"的2018年创新

2018年排名	行业	2018年指数值
1	黑色金属冶炼和压延加工业	35.90
2	石油加工、炼焦和核燃料加工业	31.11
3	计算机、通信和其他电子设备制造业	24.30
4	化学纤维制造业	24.24
5	有色金属冶炼和压延加工业	21.78
6	医药制造业	19.09
7	交通运输设备制造业	16.83
8	造纸和纸制品业	16.62
9	通用设备制造业	16.00
10	电气机械和器材制造业	15.88
11	化学原料和化学制品制造业	15.84
12	仪器仪表制造业	15.83
13	专用设备制造业	15.46
14	金属制品业	11.99
15	木材加工和木、竹、藤、棕、草制品业	11.80
16	橡胶和塑料制品业	11.57
17	其他制造业	11.23
18	酒、饮料和精制茶制造业	9.44
19	印刷和记录媒介复制业	8.91
20	食品制造业	8.66
21	农副食品加工业	8.18
22	非金属矿物制品业	7.87
23	纺织业	7.64
24	家具制造业	5.92
25	纺织服装、服饰业	5.04
26	文教、工美、体育和娱乐用品制造业	4.77
27	皮革、毛皮、羽毛及其制品和制鞋业	3.35

图 4-3　中国制造业创新条件效力指数（2010 年、2018 年）

条件效力指数排名前 10 位。创新条件效力指数年均增速排名后 10 位的行业中，"医药制造业""交通运输设备制造业"的 2018 年创新条件效力指数排名前 10 位，"纺织业""非金属矿物制品业""文教、工美、体育和娱乐用品制造业""皮革、毛皮、羽毛及其制品和制鞋业""印刷和记录媒介复制业""酒、饮料和精制茶制造业"的 2018 年创新条件效力指数排名后 10 位。如图 4-4 所示。

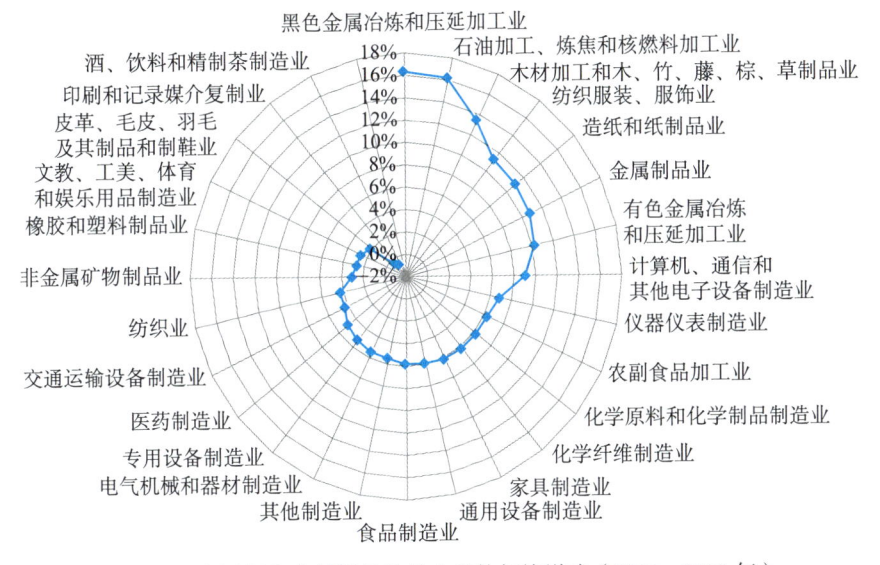

图 4-4　中国制造业创新条件效力指数年均增速（2010～2018 年）

第三节　创新产出效力指数

2018 年，中国制造业创新产出效力指数排名前 10 位的行业分别是"电气机械和器材制造业""计算机、通信和其他电子设备制造业""仪器仪表制造业""其他制造业""专用设备制造业""家具制造业""通用设备制造业""文教、工美、体育和娱乐用品制造业""金属制品业""非金属矿物制品业"。与2010年相比,"电气机械和器材制造业""仪器仪表制造业""专用设备制造业""通用设备制造业"的创新产出效力指数增加幅度较高。排名后10位的行业分别是"纺织业""纺织服装、服饰业""医药制造业""石油加工、炼焦和核燃料加工业""黑色金属冶炼和压延加工业""有色金属冶炼和压延加工业""农副食品加工业""酒、饮料和精制茶制造业""造纸和纸制品业""化学纤维制造业"。与2010年相比,"石油加工、炼焦和核燃料加工业""黑色金属冶炼和压延加工业"的创新产出效力指数增加幅度较高,"纺织业""纺织服装、服饰业""医药制造业""农副食品加工业""酒、饮料和精制茶制造业""造纸和纸制品业""化学纤维制造业"的创新产出效力指数有所下降。如图4-5所示。

2010～2018年,中国制造业创新产出效力指数年均增速排名前10位的行业依次为"石油加工、炼焦和核燃料加工业""黑色金属冶炼和压延加工业""电气机械和器材制造业""化学原料和化学制品制造业""专用设备制造业""通用设备制造业""交通运输设备制造业""仪器仪表制造业""橡胶和塑料制品业""印刷和记录媒介复制业",其中"电气机械和器材制造业""专用设备制造业""通用设备制造业""仪器仪表制造业"的2018年创新产出效力指数排名前10位。创新产出效力指数年均增速排名后10位的行业中,"文教、工美、体育和娱乐用品制造业""家具制造业"的2018年创新产出效力指数排名前10位,"纺织业""造纸和纸制品业""农副食品加工业""化学纤维制造业""医药制造业""纺织服装、服饰业"的2018年创新产出效力指数排名后10位。如图4-6所示。

第四章 中国制造业创新效力演进　67

2018年排名	行业	2018年指数值
1	电气机械和器材制造业	35.08
2	计算机、通信和其他电子设备制造业	26.73
3	仪器仪表制造业	24.32
4	其他制造业	24.19
5	专用设备制造业	22.61
6	家具制造业	21.64
7	通用设备制造业	18.19
8	文教、工美、体育和娱乐用品制造业	17.88
9	金属制品业	15.18
10	非金属矿物制品业	12.17
11	印刷和记录媒介复制业	11.92
12	木材加工和木、竹、藤、棕、草制品业	11.53
13	交通运输设备制造业	11.40
14	橡胶和塑料制品业	10.86
15	皮革、毛皮、羽毛及其制品和制鞋业	10.65
16	化学原料和化学制品制造业	10.57
17	食品制造业	9.67
18	纺织业	8.30
19	纺织服装、服饰业	7.21
20	医药制造业	7.07
21	石油加工、炼焦和核燃料加工业	6.77
22	黑色金属冶炼和压延加工业	6.63
23	有色金属冶炼和压延加工业	5.53
24	农副食品加工业	4.87
25	酒、饮料和精制茶制造业	4.66
26	造纸和纸制品业	4.51
27	化学纤维制造业	3.73

图 4-5　中国制造业创新产出效力指数（2010 年、2018 年）

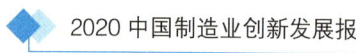

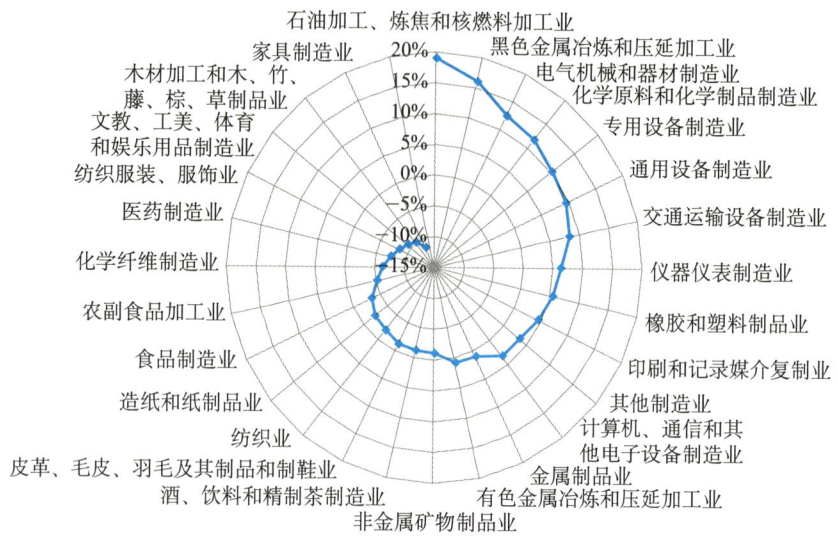

图 4-6　中国制造业创新产出效力指数年均增速（2010~2018 年）

第四节　创新影响效力指数

2018 年，中国制造业创新影响效力指数排名前 10 位的行业分别是"计算机、通信和其他电子设备制造业""仪器仪表制造业""医药制造业""电气机械和器材制造业""交通运输设备制造业""专用设备制造业""酒、饮料和精制茶制造业""家具制造业""文教、工美、体育和娱乐用品制造业""通用设备制造业"。与 2010 年相比，"文教、工美、体育和娱乐用品制造业"的创新影响效力指数有所下降。排名后 10 位的行业分别是"纺织服装、服饰业""化学原料和化学制品制造业""黑色金属冶炼和压延加工业""非金属矿物制品业""造纸和纸制品业""纺织业""木材加工和木、竹、藤、棕、草制品业""石油加工、炼焦和核燃料加工业""农副食品加工业""有色金属冶炼和压延加工业"。与 2010 年相比，"非金属矿物制品业""木材加工和木、竹、藤、棕、草制品业""农副食品加工业""有色金属冶炼和压延加工业"的创新影响效力指数有所下降，如

图 4-7 所示。

2018年排名	行业	2018年指数值
1	计算机、通信和其他电子设备制造业	37.24
2	仪器仪表制造业	35.42
3	医药制造业	32.93
4	电气机械和器材制造业	31.40
5	交通运输设备制造业	29.62
6	专用设备制造业	28.12
7	酒、饮料和精制茶制造业	26.66
8	家具制造业	25.72
9	文教、工美、体育和娱乐用品制造业	25.24
10	通用设备制造业	23.93
11	其他制造业	23.85
12	印刷和记录媒介复制业	22.36
13	橡胶和塑料制品业	22.20
14	食品制造业	21.62
15	化学纤维制造业	21.41
16	金属制品业	21.17
17	皮革、毛皮、羽毛及其制品和制鞋业	20.08
18	纺织服装、服饰业	19.53
19	化学原料和化学制品制造业	18.87
20	黑色金属冶炼和压延加工业	18.84
21	非金属矿物制品业	18.54
22	造纸和纸制品业	17.82
23	纺织业	16.44
24	木材加工和木、竹、藤、棕、草制品业	15.85
25	石油加工、炼焦和核燃料加工业	15.75
26	农副食品加工业	15.38
27	有色金属冶炼和压延加工业	14.10

图 4-7　中国制造业创新影响效力指数（2010年、2018年）

2010～2018年，中国制造业创新影响效力指数年均增速排名前10位的行业依次为"医药制造业""计算机、通信和其他电子设备制造业""造纸和纸制品业""交通运输设备制造业""黑色金属冶炼和压延加工业""纺织服装、服饰业""酒、饮料和精制茶制造业""皮革、毛皮、羽毛及其制品和制鞋业""电气机械和器材制造业""仪器仪表制造业"。其中，"医药制造业""计算机、通信和其他电子设备制造业""交通运输设备制造业""酒、饮料和精制茶制造业""电气机械和器材制造业""仪器仪表制造业"的2018年创新影响效力指数排名前10位。创新影响效力指数年均增速排名后10位的行业中，"化学原料和化学制品制造业""有色金属冶炼和压延加工业""非金属矿物制品业""农副食品加工业""木材加工和木、竹、藤、棕、草制品业"的2018年创新影响效力指数排名后10位。如图4-8所示。

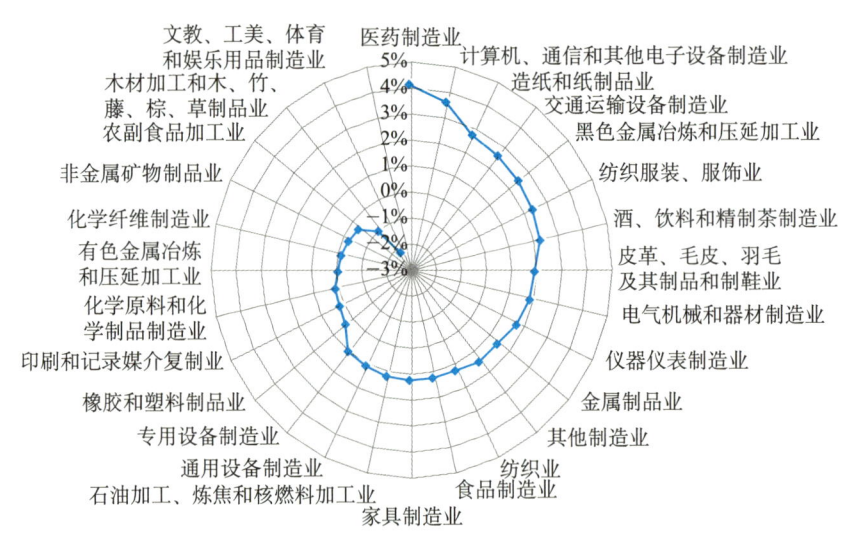

图 4-8　中国制造业创新影响效力指数年均增速（2010～2018年）

第五章
中国制造业创新激励政策影响

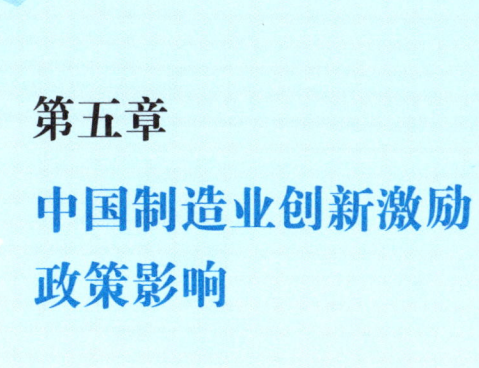

第一节　中国制造业激励指数

本书构建了制造业激励指数（简称激励指数），采用研究开发（R&D）费用加计扣除减免税、高新技术企业减免税、R&D经费支出中政府资金等3个指标表征。其中，研究开发费用加计扣除减免税的政策引导企业开展研究开发活动，高新技术企业减免税的政策注重对科技型企业特别是中小企业的扶持，R&D经费支出中政府资金反映了培育新技术、新业态的政府导向。激励指数表征了以下三个方面：一是国家对创新的激励政策的影响，二是制造业本身的创新能力所决定的享受国家激励政策的情况，三是产业研发的政府导向。

2018年，中国制造业激励指数排名前10位的行业依次为"计算机、通信和其他电子设备制造业""交通运输设备制造业""电气机械和器材制造业""医药制造业""通用设备制造业""化学原料和化学制品制造业""专用设备制造业""黑色金属冶炼和压延加工业""非金属矿物制品业""金属制品业"。与2010年相比，"计算机、通信和其他电子设备制造业""电气机械和器材制造业""医药制造业""非金属矿物制品业""金属制品业"等激励指数上升幅度较大。制造业激励指数排名前10位的行业中，有9个行业的2018年创新能力指数排名前10位，创新激励政策对产业的创新能力起到促进作用。

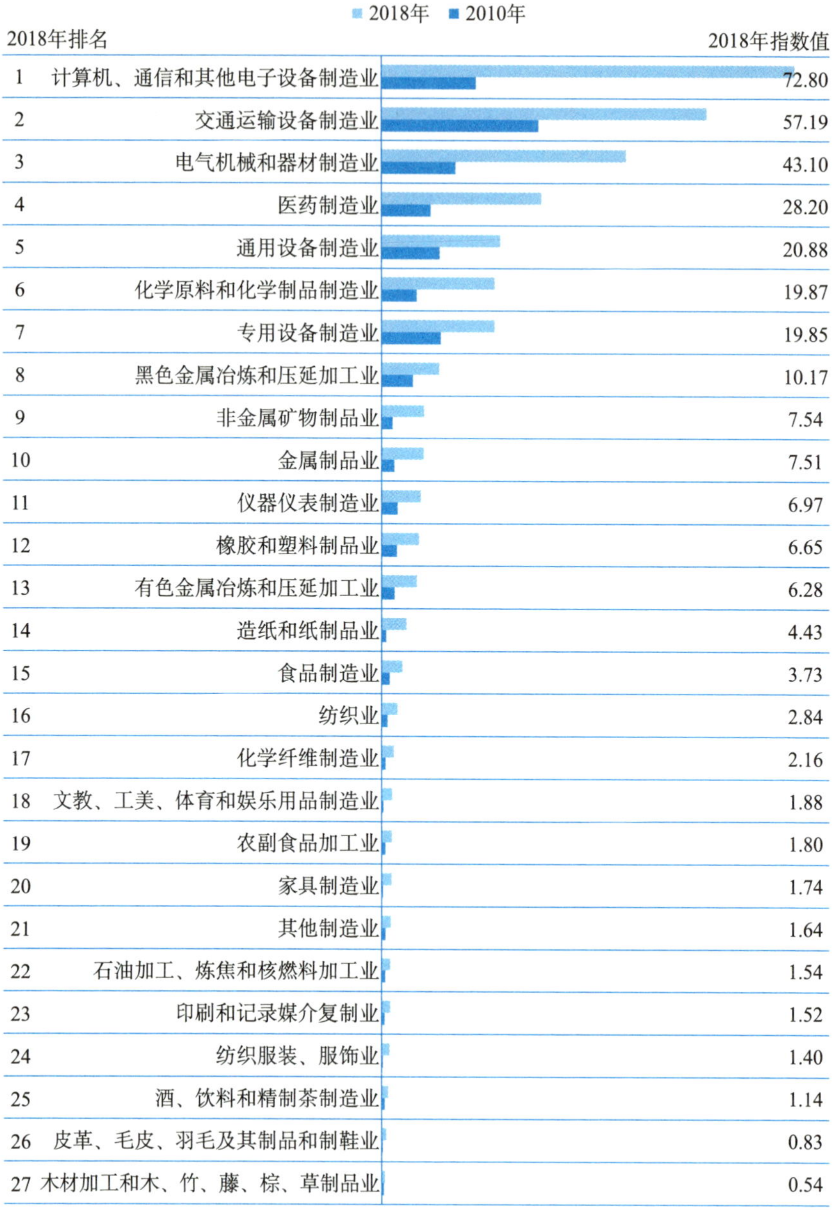

2018年排名	行业	2018年指数值
1	计算机、通信和其他电子设备制造业	72.80
2	交通运输设备制造业	57.19
3	电气机械和器材制造业	43.10
4	医药制造业	28.20
5	通用设备制造业	20.88
6	化学原料和化学制品制造业	19.87
7	专用设备制造业	19.85
8	黑色金属冶炼和压延加工业	10.17
9	非金属矿物制品业	7.54
10	金属制品业	7.51
11	仪器仪表制造业	6.97
12	橡胶和塑料制品业	6.65
13	有色金属冶炼和压延加工业	6.28
14	造纸和纸制品业	4.43
15	食品制造业	3.73
16	纺织业	2.84
17	化学纤维制造业	2.16
18	文教、工美、体育和娱乐用品制造业	1.88
19	农副食品加工业	1.80
20	家具制造业	1.74
21	其他制造业	1.64
22	石油加工、炼焦和核燃料加工业	1.54
23	印刷和记录媒介复制业	1.52
24	纺织服装、服饰业	1.40
25	酒、饮料和精制茶制造业	1.14
26	皮革、毛皮、羽毛及其制品和制鞋业	0.83
27	木材加工和木、竹、藤、棕、草制品业	0.54

图 5-1　中国制造业激励指数（2010年、2018年）

2018年，中国制造业激励指数排名后10位的行业依次为"文教、工美、体育和娱乐用品制造业""农副食品加工业""家具制造业""其他制造业""石油加工、炼焦和核燃料加工业""印刷和记录媒介复制业""纺织服装、服饰业""酒、饮料和精制茶制造业""皮革、毛皮、羽毛及其制品和制鞋业""木材加工和木、竹、藤、棕、草制品业"。与2010年相比，所有行业的激励指数均呈上升态势，如图5-1所示。制造业激励指数排名后10位的行业中，有7个行业2018年的创新能力指数排名后10位。对于创新激励政策力度小的产业，其创新能力也较为薄弱。

第二节 中国制造业激励指数演进

2010～2018年，中国制造业激励指数年均增速排名前10位的行业为"家具制造业""纺织服装、服饰业""文教、工美、体育和娱乐用品制造业""造纸和纸制品业""皮革、毛皮、羽毛及其制品和制鞋业""计算机、通信和其他电子设备制造业""非金属矿物制品业""金属制品业""电气机械和器材制造业""医药制造业"。其中，"计算机、通信和其他电子设备制造业""非金属矿物制品业""金属制品业""电气机械和器材制造业""医药制造业"5个行业的2018年激励指数排名前10位。

2010～2018年，中国制造业激励指数年均增速排名后10位的行业为"仪器仪表制造业""橡胶和塑料制品业""石油加工、炼焦和核燃料加工业""其他制造业""酒、饮料和精制茶制造业""交通运输设备制造业""通用设备制造业""专用设备制造业""黑色金属冶炼和压延加工业""木材加工和木、竹、藤、棕、草制品业"。激励指数年均增速排名后10位的行业中，"交通运输设备制造业""通用设备制造业""专用设备制造业""黑色金属冶炼和压延加工业"的2018年激励指数排名前10位,"石油加工、炼焦和核燃料加工业""其他制造业""酒、饮料和精制茶制造业""木材加工和木、竹、藤、棕、草制品业"的2018年激励指数排名后10位。如图5-2所示。

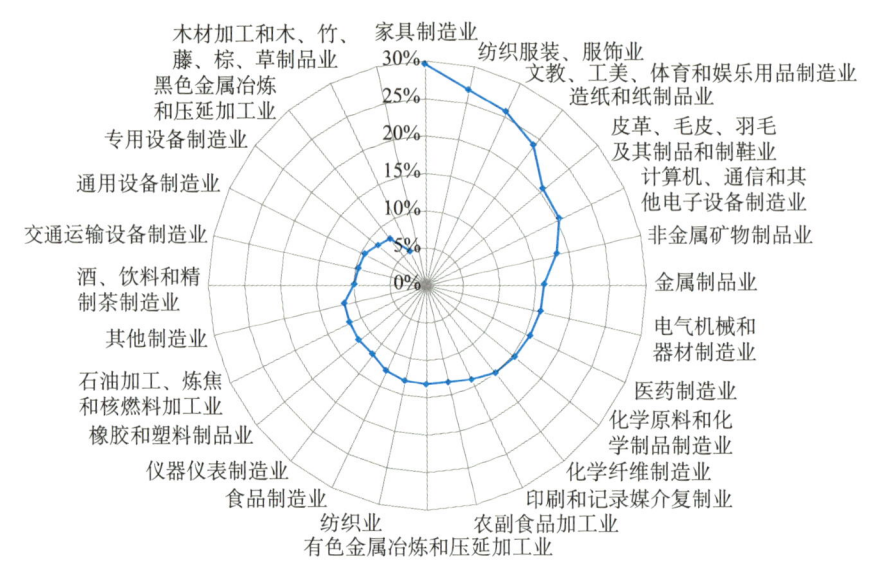

图5-2 中国制造业激励指数年均增速(2010~2018年)

第三节 中国制造业激励指数演进解析

中国制造业激励指数的改善得益于政府财税政策支持力度的加大。2018年,中国制造业研究开发费用加计扣除减免税排名前10位的行业依次为"计算机、通信和其他电子设备制造业""交通运输设备制造业""电气机械和器材制造业""医药制造业""专用设备制造业""通用设备制造业""化学原料和化学制品制造业""黑色金属冶炼和压延加工业""橡胶和塑料制品业""金属制品业"。其中,有8个行业的

2018年R&D经费内部支出排名前10位。由此可见，一方面，研究开发费用加计扣除减免税的规模取决于产业当年R&D经费内部支出；另一方面，技术密集、创新活力强的产业注重研发投入，相应地，享受研究开发费用加计扣除减免税政策力度更大。

制造业研究开发费用加计扣除减免税排名后10位的行业是"纺织服装、服饰业""化学纤维制造业""家具制造业""其他制造业""印刷和记录媒介复制业""农副食品加工业""石油加工、炼焦和核燃料加工业""酒、饮料和精制茶制造业""皮革、毛皮、羽毛及其制品和制鞋业""木材加工和木、竹、藤、棕、草制品业"。其中，有8个行业的2018年R&D经费内部支出排名后10位。由此可见，由于传统产业R&D经费内部支出少，其所享受的研究开发费用加计扣除减免税政策力度更小（图5-3）。

2010～2018年，中国制造业研究开发费用加计扣除减免税年均增速排名前10位的行业依次为"文教、工美、体育和娱乐用品制造业""纺织服装、服饰业""造纸和纸制品业""计算机、通信和其他电子设备制造业""金属制品业""皮革、毛皮、羽毛及其制品和制鞋业""家具制造业""酒、饮料和精制茶制造业""化学纤维制造业""非金属矿物制品业"，如图5-4所示。其中，"计算机、通信和其他电子设备制造业""金属制品业"的2018年研究开发费用加计扣除减免税排名前10位，上述产业享受研究开发费用加计扣除减免税政策力度大、增速快，加计扣除政策切实发挥了引导作用。

制造业研究开发费用加计扣除减免税年均增速排名后10位的行业是"仪器仪表制造业""纺织业""食品制造业""其他制造业""有色金属冶炼和压延加工业""通用设备制造业""专用设备制造业""黑色金属冶炼和压延加工业""木材加工和木、竹、藤、棕、草制品业""石油加工、炼焦和核燃料加工业"。其中，"其他制造业""木材加工和木、竹、藤、棕、草制品业""石油加工、炼焦和核燃料加工业"的2018年研究开发费用加计扣除减免税排名后10位，上述产业享受研究开发费用加计扣除减免税政策力度小、增速慢，加计扣除政策作用较为薄弱。

2018年排名	行业	2018年金额/万元
1	计算机、通信和其他电子设备制造业	1 660 941
2	交通运输设备制造业	1 126 143
3	电气机械和器材制造业	743 942
4	医药制造业	391 056
5	专用设备制造业	351 014
6	通用设备制造业	350 295
7	化学原料和化学制品制造业	304 227
8	黑色金属冶炼和压延加工业	236 420
9	橡胶和塑料制品业	152 222
10	金属制品业	148 549
11	非金属矿物制品业	138 251
12	仪器仪表制造业	120 081
13	有色金属冶炼和压延加工业	106 868
14	造纸和纸制品业	77 603
15	纺织业	62 943
16	文教、工美、体育和娱乐用品制造业	52 252
17	食品制造业	46 419
18	纺织服装、服饰业	41 136
19	化学纤维制造业	36 300
20	家具制造业	31 064
21	其他制造业	27 800
22	印刷和记录媒介复制业	27 332
23	农副食品加工业	25 727
24	石油加工、炼焦和核燃料加工业	23 849
25	酒、饮料和精制茶制造业	23 599
26	皮革、毛皮、羽毛及其制品和制鞋业	18 576
27	木材加工和木、竹、藤、棕、草制品业	13 448

图 5-3　中国制造业研究开发费用加计扣除减免税（2010 年、2018 年）

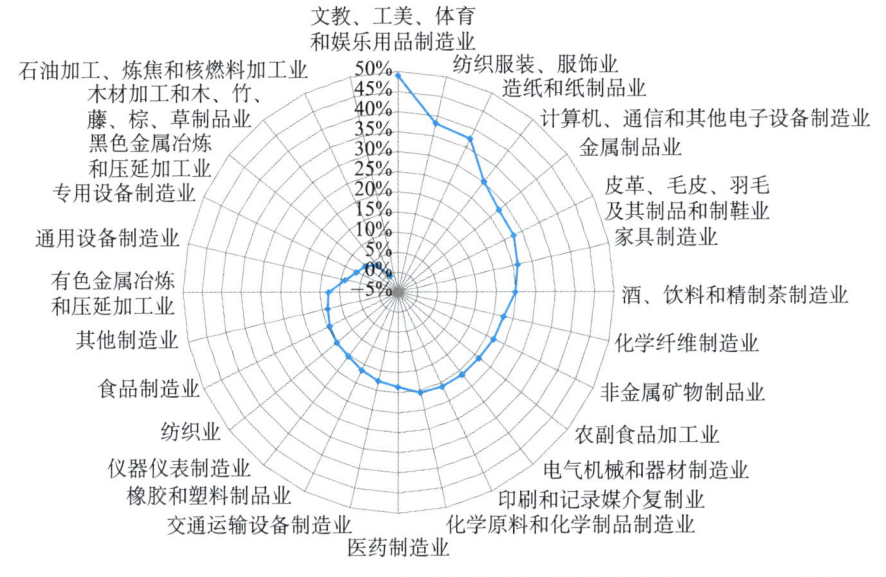

图 5-4　中国制造业研究开发费用加计扣除减免税年均增速（2010～2018 年）

总体而言，2010～2018 年，中国制造业有 26 个行业的研究开发费用加计扣除减免税呈现增长态势，其中有 14 个行业的年均增速达 20% 以上，"文教、工美、体育和娱乐用品制造业""纺织服装、服饰业""造纸和纸制品业"增速较快，分别为 49.08%、38.22%、37.51%。

2018 年，中国制造业高新技术企业减免税排名前 10 位的行业依次为"计算机、通信和其他电子设备制造业""电气机械和器材制造业""交通运输设备制造业""医药制造业""化学原料和化学制品制造业""通用设备制造业""专用设备制造业""黑色金属冶炼和压延加工业""非金属矿物制品业""金属制品业"，如图 5-5 所示。其中，"计算机、通信和其他电子设备制造业""电气机械和器材制造业""交通运输设备制造业""医药制造业""通用设备制造业""专用设备制造业""金属制品业"的 2018 年 R&D 经费内部支出占主营业务收入比例排名前 10 位。由此可见，研发强度高的产业大多为高技术产业，相应地，享受高新技术企业减免税政策力度更大。

2018年排名	行业	2018年金额/万元
1	计算机、通信和其他电子设备制造业	1 717 496
2	电气机械和器材制造业	1 549 033
3	交通运输设备制造业	1 266 000
4	医药制造业	1 119 697
5	化学原料和化学制品制造业	736 362
6	通用设备制造业	714 191
7	专用设备制造业	549 532
8	黑色金属冶炼和压延加工业	333 138
9	非金属矿物制品业	256 908
10	金属制品业	238 228
11	橡胶和塑料制品业	216 971
12	造纸和纸制品业	185 295
13	仪器仪表制造业	184 838
14	有色金属冶炼和压延加工业	163 474
15	食品制造业	155 432
16	化学纤维制造业	89 040
17	纺织业	87 123
18	家具制造业	74 968
19	印刷和记录媒介复制业	61 389
20	石油加工、炼焦和核燃料加工业	59 418
21	农副食品加工业	46 068
22	文教、工美、体育和娱乐用品制造业	37 087
23	皮革、毛皮、羽毛及其制品和制鞋业	29 343
24	纺织服装、服饰业	28 076
25	酒、饮料和精制茶制造业	23 203
26	木材加工和木、竹、藤、棕、草制品业	16 611
27	其他制造业	11 819

图 5-5　中国制造业高新技术企业减免税（2010 年、2018 年）

制造业高新技术企业减免税排名后 10 位的行业是"家具制造业""印刷和记录媒介复制业""石油加工、炼焦和核燃料加工业""农副食品加工业""文教、工美、体育和娱乐用品制造业""皮革、毛皮、羽毛及其制品和制鞋业""纺织服装、服饰业""酒、饮料和精制茶制造业""木材加工和木、竹、藤、棕、草制品业""其他制造业"。其中，有 7 个行业的 2018 年 R&D 经费内部支出占主营业务收入比例排名后 10 位。由此可见，研发强度低的产业大多为传统产业，相应地，享受高新技术企业减免税政策力度小。

2010~2018 年，中国制造业高新技术企业减免税年均增速排名前 10 位的行业依次为"石油加工、炼焦和核燃料加工业""家具制造业""造纸和纸制品业""计算机、通信和其他电子设备制造业""非金属矿物制品业""化学原料和化学制品制造业""医药制造业""皮革、毛皮、羽毛及其制品和制鞋业""纺织业""纺织服装、服饰业"，如图 5-6 所示。其中，"计算机、通信和其他电子设备制造业""非金属矿物制品业""化学原料和化学制品制造业""医药制造业"的 2018 年高新技术企业减免税排名前 10 位，上述产业享受高新技术企业减免税政策力度大、增速快，减免税政策切实发挥了对产业的引导和促进作用。

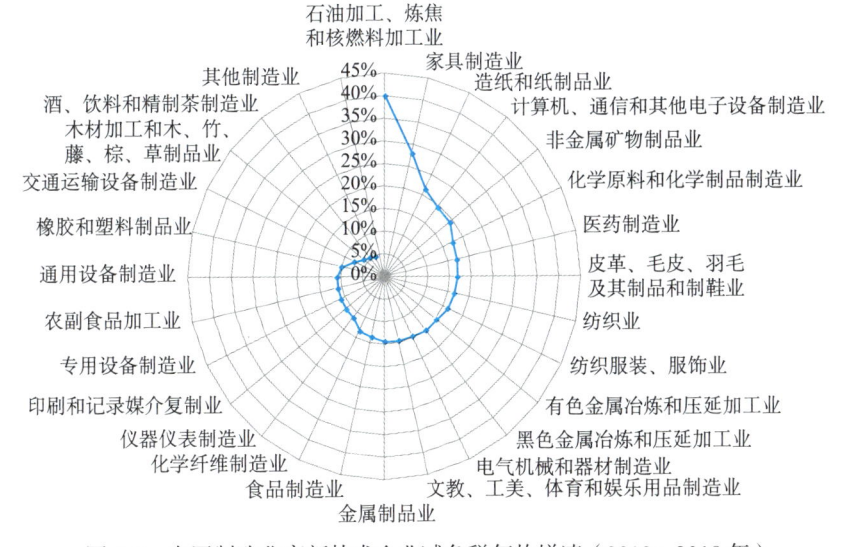

图 5-6 中国制造业高新技术企业减免税年均增速（2010~2018 年）

中国制造业高新技术企业减免税年均增速排名后10位的行业是"仪器仪表制造业""印刷和记录媒介复制业""专用设备制造业""农副食品加工业""通用设备制造业""橡胶和塑料制品业""交通运输设备制造业""木材加工和木、竹、藤、棕、草制品业""酒、饮料和精制茶制造业""其他制造业"。其中,"印刷和记录媒介复制业""农副食品加工业""木材加工和木、竹、藤、棕、草制品业""酒、饮料和精制茶制造业""其他制造业"的2018年高新技术企业减免税排名后10位,上述产业享受高新技术企业减免税政策力度小、增速慢,减免税政策作用较为薄弱。

总体而言,有27个行业的高新技术企业减免税呈现增长态势,其中有23个行业的年均增速达10%以上,"石油加工、炼焦和核燃料加工业""家具制造业""造纸和纸制品业""计算机、通信和其他电子设备制造业""非金属矿物制品业"增速较快,分别为40.11%、28.06%、21.44%、19.51%、19.14%。

2018年,中国制造业R&D经费内部支出中政府资金排名前10位的行业依次为"交通运输设备制造业""计算机、通信和其他电子设备制造业""电气机械和器材制造业""专用设备制造业""医药制造业""通用设备制造业""化学原料和化学制品制造业""仪器仪表制造业""有色金属冶炼和压延加工业""金属制品业"。排名后10位的行业是"酒、饮料和精制茶制造业""纺织业""纺织服装、服饰业""石油加工、炼焦和核燃料加工业""造纸和纸制品业""化学纤维制造业""印刷和记录媒介复制业""木材加工和木、竹、藤、棕、草制品业""皮革、毛皮、羽毛及其制品和制鞋业""家具制造业"。如图5-7所示。

其中,"交通运输设备制造业""计算机、通信和其他电子设备制造业"属于政府重点支持的产业领域。面向新的发展机遇和挑战,政府在优化制造业产业布局时更加突出数字化、网络化和智能化趋势。例如,《智能制造发展规划(2016—2020年)》将发展智能制造列为未来制造业的发展方向,推动新一代信息技术、高档数控机床与工业机器人、航空装备、海洋工程装备及高技术船舶、先进轨道交通装备等

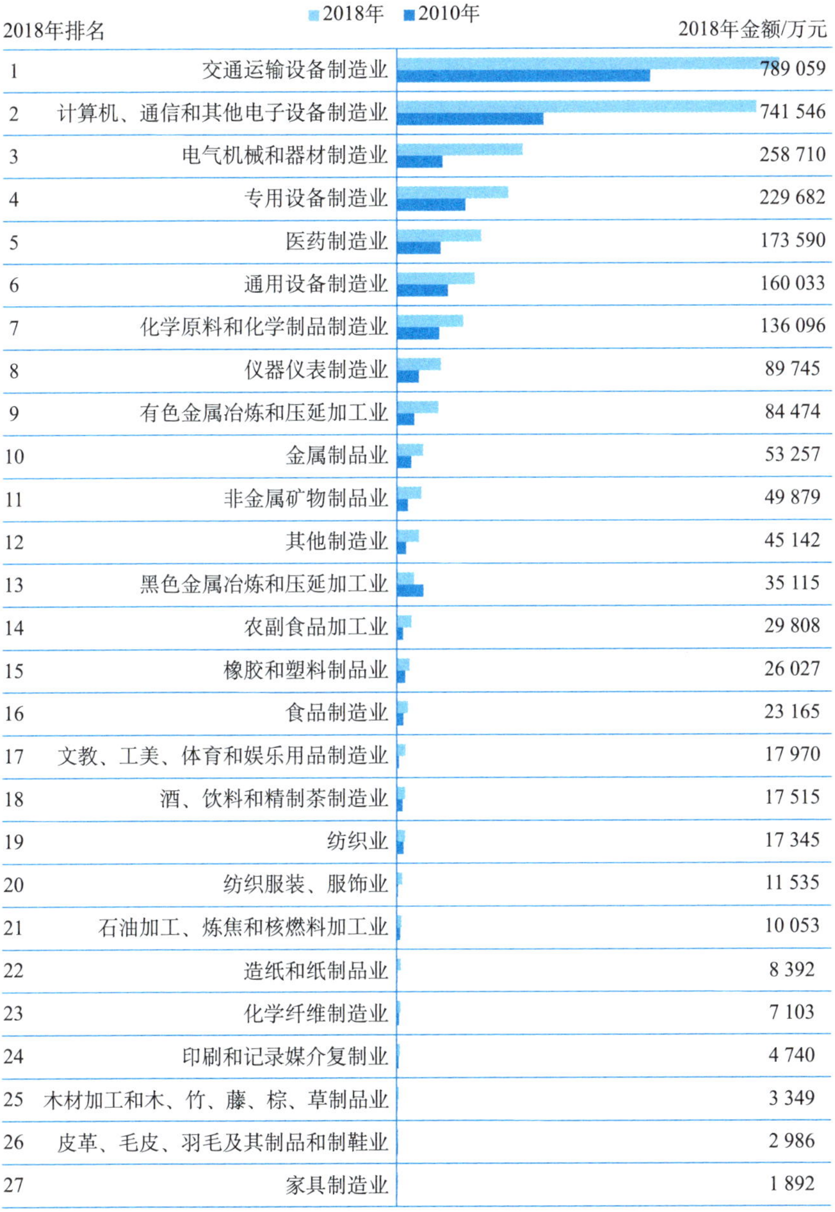

2018年排名	行业	2018年金额/万元
1	交通运输设备制造业	789 059
2	计算机、通信和其他电子设备制造业	741 546
3	电气机械和器材制造业	258 710
4	专用设备制造业	229 682
5	医药制造业	173 590
6	通用设备制造业	160 033
7	化学原料和化学制品制造业	136 096
8	仪器仪表制造业	89 745
9	有色金属冶炼和压延加工业	84 474
10	金属制品业	53 257
11	非金属矿物制品业	49 879
12	其他制造业	45 142
13	黑色金属冶炼和压延加工业	35 115
14	农副食品加工业	29 808
15	橡胶和塑料制品业	26 027
16	食品制造业	23 165
17	文教、工美、体育和娱乐用品制造业	17 970
18	酒、饮料和精制茶制造业	17 515
19	纺织业	17 345
20	纺织服装、服饰业	11 535
21	石油加工、炼焦和核燃料加工业	10 053
22	造纸和纸制品业	8 392
23	化学纤维制造业	7 103
24	印刷和记录媒介复制业	4 740
25	木材加工和木、竹、藤、棕、草制品业	3 349
26	皮革、毛皮、羽毛及其制品和制鞋业	2 986
27	家具制造业	1 892

图 5-7 中国制造业 R&D 经费内部支出中政府资金（2010 年、2018 年）

重点领域的智能转型。《"十三五"先进制造技术领域科技创新专项规划》将极大规模集成电路制造装备及成套工艺、新型电子制造关键设备、制造基础技术与关键部件等作为重点突破方向，推动形成信息技术与制造业深度融合的创新发展模式，促进制造业创新发展，实现制造业由大变强的跨越。《新时期促进集成电路产业和软件产业高质量发展的若干政策》统筹财税、投融资、研究开发、进出口、人才、知识产权和国际合作等多种政策，助力集成电路产业和软件产业高质量发展。作为重点领域，"交通运输设备制造业""计算机、通信和其他电子设备制造业"的R&D经费内部支出中政府资金支持力度显著。

2010～2018年，中国制造业R&D经费内部支出中政府资金年均增速排名前10位的行业依次为"家具制造业""纺织服装、服饰业""文教、工美、体育和娱乐用品制造业""电气机械和器材制造业""计算机、通信和其他电子设备制造业""有色金属冶炼和压延加工业""其他制造业""农副食品加工业""印刷和记录媒介复制业""非金属矿物制品业"，如图5-8所示。其中，"电气机械和器材制造业""计算机、通信和其他电子设备制造业""有色金属冶炼和压延加工业"的2018年R&D经费

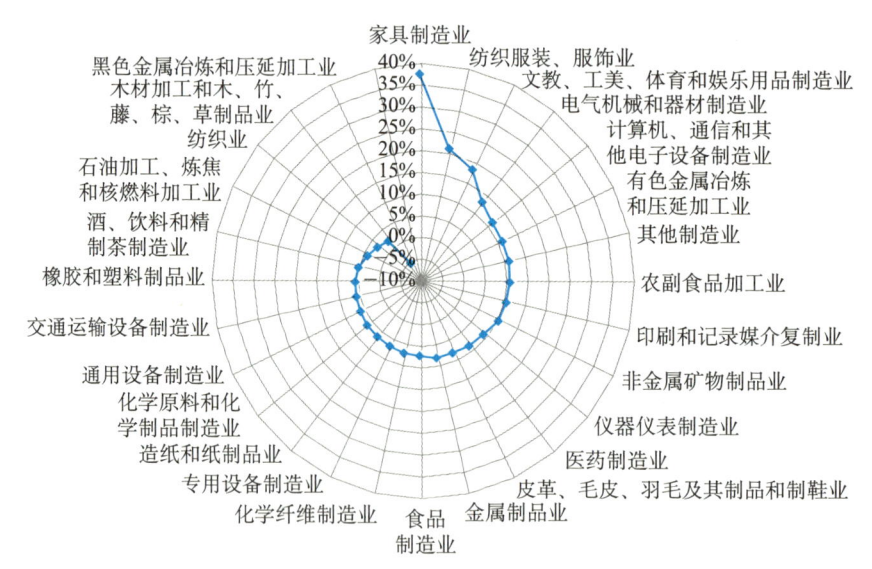

图5-8 中国制造业R&D经费内部支出中政府资金年均增速（2010～2018年）

内部支出中政府资金排名前 10 位，上述产业 R&D 经费内部支出中政府资金支持力度大、增速快，政府资金切实发挥了对产业的促进作用。

制造业 R&D 经费内部支出中政府资金年均增速排名后 10 位的行业是"造纸和纸制品业""化学原料和化学制品制造业""通用设备制造业""交通运输设备制造业""橡胶和塑料制品业""酒、饮料和精制茶制造业""石油加工、炼焦和核燃料加工业""纺织业""木材加工和木、竹、藤、棕、草制品业""黑色金属冶炼和压延加工业"。其中，"造纸和纸制品业""酒、饮料和精制茶制造业""石油加工、炼焦和核燃料加工业""纺织业""木材加工和木、竹、藤、棕、草制品业"的 2018 年 R&D 经费内部支出中政府资金排名后 10 位。上述产业 R&D 经费内部支出中，政府资金支持力度小、增速慢，政府资金对产业的支持作用小。

总体而言，有 26 个行业 R&D 经费内部支出中政府资金呈现增长态势，其中有 10 个行业的年均增速达 10% 以上，"家具制造业""纺织服装、服饰业""文教、工美、体育和娱乐用品制造业"的年均增速较快，分别为 37.86%、21.48%、18.74%。

值得注意的是，与 2010 年相比，2018 年"黑色金属冶炼和压延加工业"的 R&D 经费内部支出中政府资金呈现下降趋势，年均降幅达 5.23%。

第六章

中国制造业重点行业创新能力和创新激励政策演进

第一节 计算机、通信和其他电子设备制造业

中国"计算机、通信和其他电子设备制造业"创新能力呈现大幅上升态势。2010~2018 年，该行业创新能力指数由 25.47 提高到 48.80，年均增速达到 8.47%；创新实力指数由 28.59 提高到 65.15，年均增速为 10.85%[①]；创新效力指数由 22.35 提高到 32.45，年均增速为 4.77%，如图 6-1 所示。2018 年，该行业 R&D 人员全时当量为 466 121 人年，R&D 经费内部支出达到 1985.94 亿元，发明专利申请量为 85 171 件，新产品销售收入为 39 534.39 亿元。

2010~2018 年，中国"计算机、通信和其他电子设备制造业"创新实力指数上升速度较快，这主要得益于创新条件实力指数、创新产出实力指数的大幅度提升，年均增速分别为 13.97%、14.44%。与之相比，创新投入实力指数、创新影响实力指数上升幅度略小，年均增速分别为 9.22%、6.73%，如图 6-2 所示。在创新投入实力方面，2018 年，R&D 人员全时当量和 R&D 经费内部支出分别是 2010 年的 1.67 倍和

---

① 因四舍五入原因，计算所得数值有时与实际数值有些微出入，特此说明。下同。

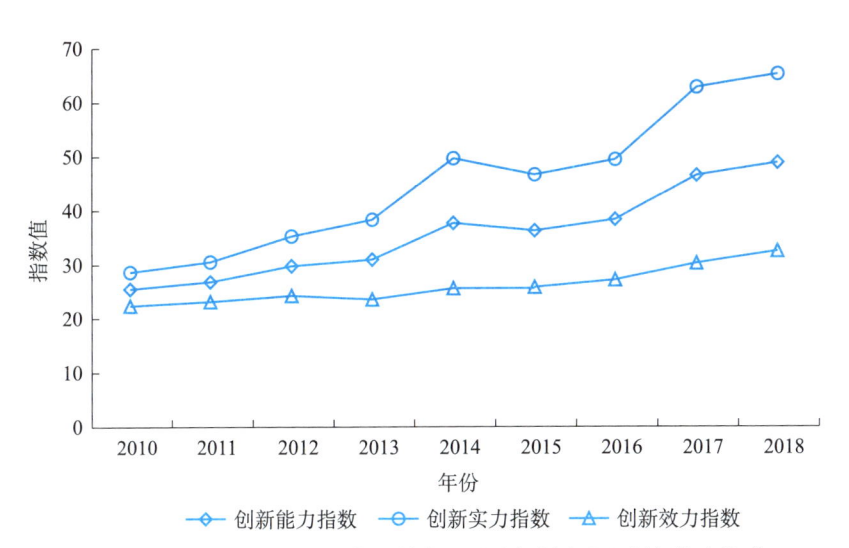

图 6-1 中国"计算机、通信和其他电子设备制造业"创新能力演进

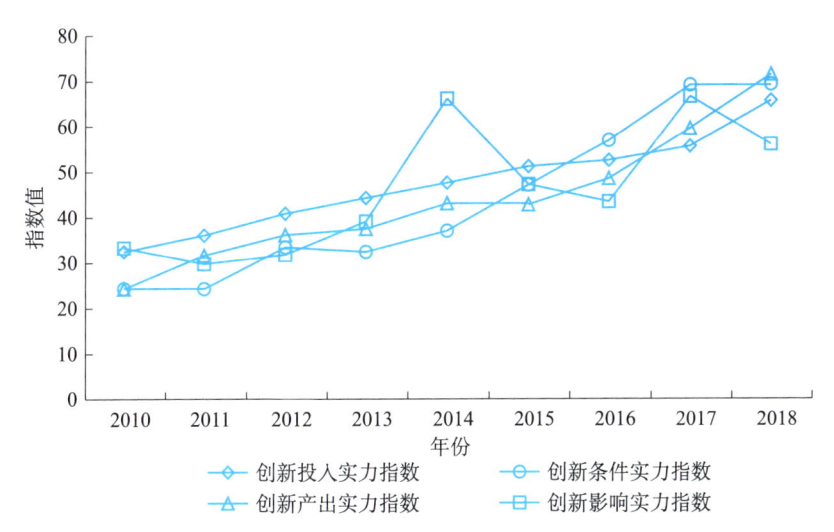

图 6-2 中国"计算机、通信和其他电子设备制造业"创新实力演进

2.89 倍。在创新条件实力方面，2010~2018 年，企业办研发机构仪器和设备原价由 420.64 亿元增加到 1361.85 亿元，企业办研发机构数由 1628 个增加到了 3670 个，发明专利拥有量由 41 130 件增加到 254 218 件，企业办研发机构人员数由 292 802 人增加到 569 339 人。在创

新产出实力方面，2010~2018年，发明专利申请量由28 913件增加到85 171件，实用新型和外观设计专利申请量由17 296件增加到50 138件。在创新影响实力方面，2018年，利润总额达到4174.40亿元，新产品出口额达到17 075.37亿元，新产品销售收入达到39 534.39亿元，分别是2010年的1.70倍、2.44倍和2.96倍。

值得关注的是，2010~2018年，中国"计算机、通信和其他电子设备制造业"在技术消化吸收上的投入波动性较大，消化吸收经费在2011年达到7.70亿元，在2012年下降至2.75亿元，在2014年上升至6.70亿元，而在2017年仅为1.08亿元，在2018年又上升到4.44亿元，但其值仅为2010年该行业在技术消化吸收上投入的93%。此外，该行业专利价值出现了波动性上升，专利所有权转让及许可收入由2011年的3.22亿元上升至2014年的11.56亿元，后下降至2016年的2.48亿元，在2017年又上升至8.53亿元。

2010~2018年，中国"计算机、通信和其他电子设备制造业"创新效力指数整体提升较快，这主要得益于创新条件效力指数的快速提升。2010~2018年，创新条件效力指数年均增速为9.18%，与之相比，创新投入效力指数、创新产出效力指数、创新影响效力指数上升幅度较小，年均增速分别为5.71%、3.31%、3.68%，如图6-3所示。在创新投入效力方面，2018年，R&D人员全时当量占从业人员比例达到6.40%，R&D经费内部支出占主营业务收入比例达到2.78%，有R&D活动的企业占全部企业比例达到61.58%，分别是2010年的1.39倍、1.97倍和1.71倍。在创新条件效力方面，2010~2018年，单位企业办研发机构数对应的企业办研发机构仪器和设备原价由2583.77万元/个上升至3710.76万元/个，单位企业办研发机构人员数对应的企业办研发机构仪器和设备原价由14.37万元/人增加到23.92万元/人，企均有效发明专利数由11.28件增加到51.98件，设立研发机构的企业占全部企业的比例由31.29%增加到38.11%。在创新产出效力方面，2010~2018年，每万名R&D人员全时当量发明专利申请数由1037.86

件增加到 1827.23 件，每万名 R&D 人员全时当量实用新型和外观设计专利申请量由 620.86 件增加到 1075.64 件。在创新影响效力方面，2018 年，单位能耗对应的利润总额达到 1 214 049.37 万元/万吨标准煤，单位从业人员利润达到 5.73 万元/人，新产品开发支出与新产品销售收入比例达到 6.80%，新产品销售收入占主营业务收入比例达到 55.43%，分别是 2010 年的 1.45 倍、1.42 倍、1.33 倍和 2.01 倍。

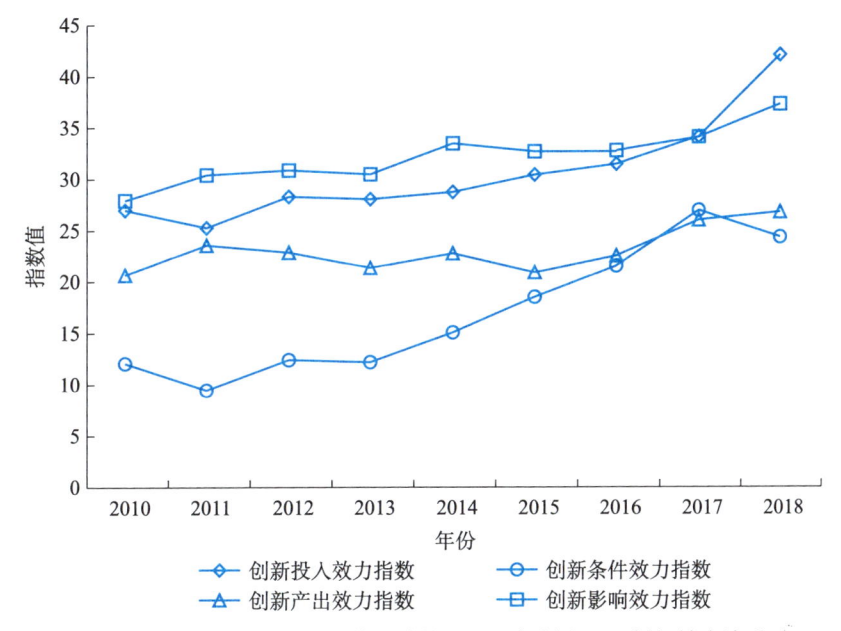

图 6-3　中国"计算机、通信和其他电子设备制造业"创新效力演进

值得注意的是，2010～2018 年，中国"计算机、通信和其他电子设备制造业"部分创新效力指数相关指标呈现下降态势。主要原因有以下几方面。一是该行业对技术消化吸收重视不足。2010～2018 年，消化吸收经费与技术引进经费比例由 9.63% 下降至 3.96%。二是部分专利和专利所有权转让及许可收入相关的创新影响效力指标波动明显或者基本持平。2010～2018 年，每万名 R&D 人员全时当量专利所有权转让及许可收入最初波动上升至 2014 年的 3208.04 万元，后下降至

2016年的675.60万元，在2017年，该值又上升至2196.47万元；每亿元R&D经费实用新型和外观设计专利申请量由2010年的25.20件上升至2012年的27.38件，后下降至2015年的19.04件，后上升至2018年的25.25件；每亿元R&D经费发明专利申请量由42.13件上升至42.89件。三是新产品出口竞争力有待提升。新产品出口与新产品销售收入比例由2010年的52.44%下降至2018年的43.19%。

与国际领先水平相比，中国"计算机、通信和其他电子设备制造业"的创新实力还有一定差距。从2020年《财富》世界500强企业分行业来看，"计算机、通信和其他电子设备制造业"营业收入前10名中，中国有2家大陆企业（分别是华为公司和联想集团）和2家台湾地区企业排名进入前10名。在创新实力方面，苹果公司、英特尔公司和佳能公司2018年研发经费内部支出分别为942.05亿元、896.19亿元和189.07亿元，而中国"计算机、通信和其他电子设备制造业"整个行业的R&D内部经费支出仅为1985.94亿元。美国商业专利数据库（IFI Claims Patent Services）数据显示，2018年美国专利申请中，佳能公司获得3056件、英特尔公司获得2735件和苹果公司获得2160件，分别居第3位、第4位和第9位，而华为公司获得1680件，居第16位。与国际领先企业相比，中国企业的创新实力差距正逐渐减小，自身发展速度比较可观。2017~2018年，华为公司授权专利获得量增长率为14%，但仍有待进一步提高。

在创新效力方面，从R&D经费内部支出占主营业务收入比例和单位从业人员利润两个指标来看，中国"计算机、通信和其他电子设备制造业"与国际知名企业相比整体仍存在较大差距。2018年，苹果公司、英特尔公司和佳能公司的R&D经费内部支出占主营业务收入比例分别为5.36%、19.12%和7.99%，而中国"计算机、通信和其他电子设备制造业"的R&D经费内部支出占主营业务收入比例仅为2.79%。2018年，苹果公司、英特尔公司的单位从业人员利润分别是365.48万元/人、143.67万元/人，而中国"计算机、通信和其他电子设备制造业"的单位从业人员利润仅为 5.73 万元 / 人[①]。

2010～2018 年，中国"计算机、通信和其他电子设备制造业"激励指数提升较为明显。2010～2018 年，该行业激励指数由 16.58 上升至 72.80，年均增速达到 20.32%。其中，2018 年激励指数增长较为明显，同比增长 43.02%，如图 6-4 所示。2010～2018 年，研究开发费用加计扣除减免税由 201 023 万元上升至 1 660 941 万元，高新技术企业减免税由 412 615 万元上升至 1 717 496 万元，R&D 经费内部支出中政府资金由 300 624 万元上升至 741 546 万元；2018 年，上述指标分别是 2010 年的 8.26 倍、4.16 倍和 2.47 倍，如图 6-5 所示。具体而言，研究开发费用加计扣除减免税在 2011 年、2014 年、2016 年以及 2018 年增长较为迅速，同比分别增长为 49.51%、48.14%、44.88% 以及 117.37%；高新技术企业减免税在 2012 年、2017 年增长较为迅速，同比增长 32.99%、35.61%；R&D 经费内部支出中政府资金在 2013 年、2015 年和 2016 年增长较为迅速，同比增长 26.49%、42.12% 和 22.99%。如图 6-6 所示。

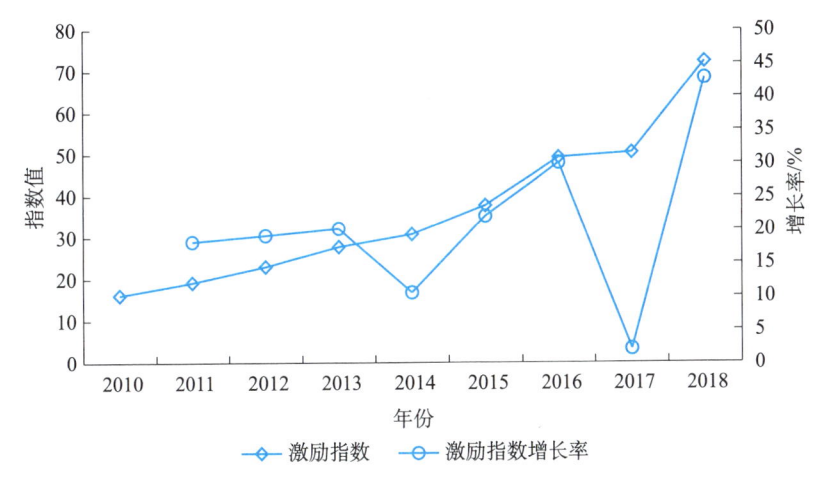

图 6-4 中国"计算机、通信和其他电子设备制造业"激励指数演进

[①] 数据来源为企业年报、《财富》中文网及其他公开资料；汇率根据中国人民银行 2018 年 12 月公布的数据折算。

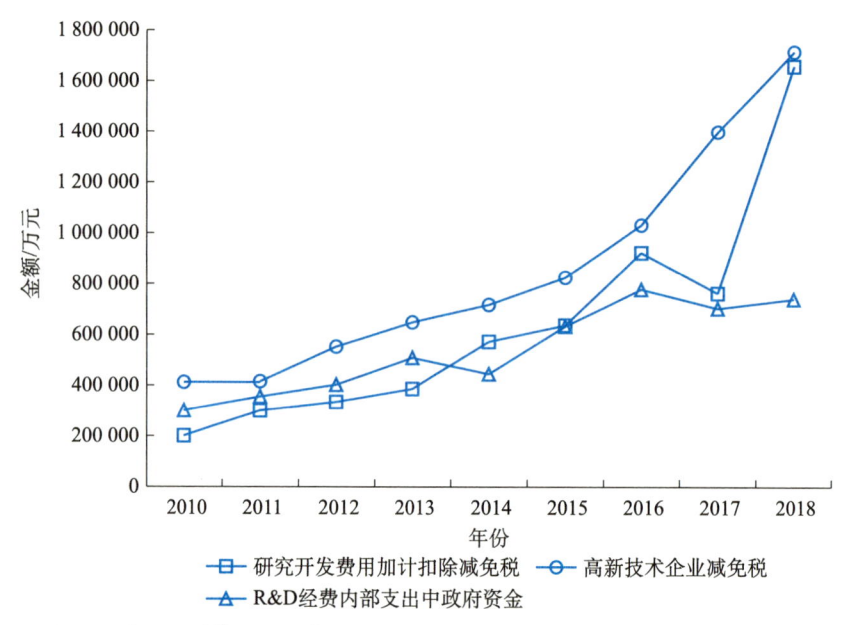

图 6-5 中国"计算机、通信和其他电子设备制造业"激励指数具体指标演进

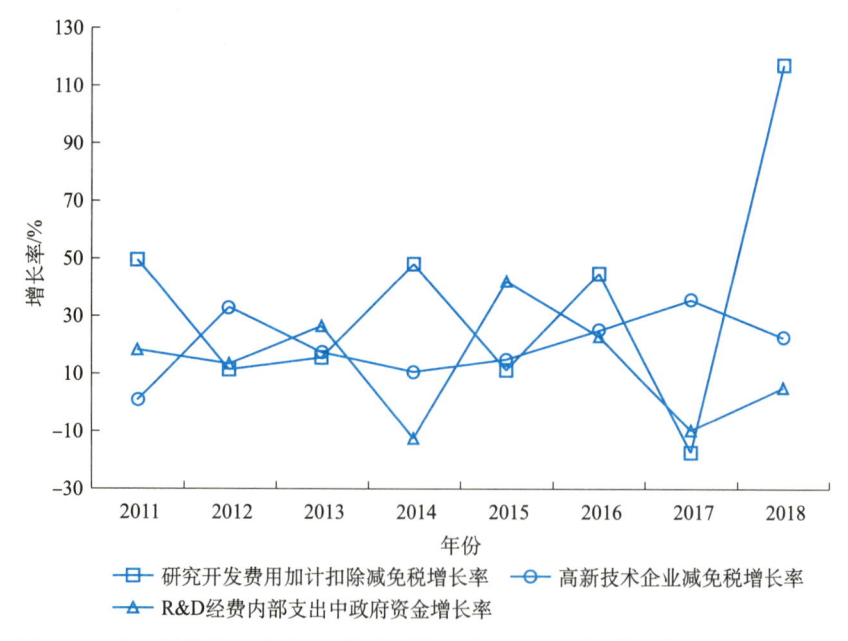

图 6-6 中国"计算机、通信和其他电子设备制造业"激励指数具体指标增长率演进

专栏：华为技术有限公司

华为技术有限公司（下文简称华为）是中国的一家私营公司，1987年成立于深圳。30多年来，华为通过制定明确的企业技术创新发展策略，长期持续进行技术投入和创新，逐步成为我国电信行业中的领军企业，在全球占据了第五代移动通信技术（5G）技术方面的领先地位。如今，华为的业务范围已涵盖全球170余个主要国家城市和重要地区，是全球领先的信息与通信（ICT）基础设施和智能终端提供商。[①]

市场战略与技术战略融合发展，引导创新范式适应性调整

1987年，华为以分销交换机起家，并迅速将业务扩展到全国。随后，华为凭借极高的市场敏锐度，从代理商转变为制造商，并制定了市场利用性战略。当时，由于技术落后、基础欠缺，华为只能通过接受客户预订的方式来占领市场。对于人才引进，华为领导人任正非一直保持清醒的认识，他在公司成立之初便制定了完善的人才引进制度。最开始，华为通过模仿"先行者"来提高公司的知识存量；受益于人才引进制度，华为大幅度缩小了与国际领先企业的技术差距，于1990年成功研发出能带24门分机的小总机——BH03交换机。

随着企业知识库的不断扩大，华为积累了强大的市场利用能力并开始逐渐提升技术利用能力，从而进入到了高市场利用、低技术利用的创新战略阶段。经历了前面模仿"先行者"的阶段，华为意识到技术储备的重要性，为此华为专门成立了知识产权部门。相比于行业领先企业，此时华为的技术实力依然十分薄弱，技术效率低下。在这个阶段，技术追赶依然是华为的核心目标，因此华为延续了第一阶段知识吸收和内化的方式来发展核心技术。1997年，华为推出了全套无线全球移动通信系统（GSM）解决方案和Quidway®2501互联网交换机。

为了应对企业内外部环境的不断变化，华为开始向国际市场进军——在俄罗斯成立合资公司。华为耗费了整整三年时间攻克3G技术

---

① 参见：华为公司官网，https://www.huawei.com/cn/corporate-information。

难题，成功获得行业龙头高通公司的专利授权，开启了以成熟技术为驱动的低市场探索、高技术利用的创新战略阶段。在这个发展阶段，华为的主要创新手段变成了"反求工程"，通过对成熟技术进行改进式创新，实现技术范式的快速迭代。1999年，华为在印度班加罗尔设立研发中心；2000年，华为在瑞典首都斯德哥尔摩设立研发中心。在此基础上，华为相应地引入了标准化的研发流程，将之前孤立分散的研发活动有效的衔接起来，创新效率实现空前提升。

经过这一阶段的发展，华为实现了新技术的快速积累，拥有了足够的技术储备进行探索式创新。因此，华为开始实行高市场探索、低技术探索的创新战略。在此阶段，华为把挖掘知识深度作为创新的主要方式，以开发有竞争力的核心技术，实现技术换轨。如今，华为已成为了欧盟5G项目的主要推动者，在9个国家建立了5G研发中心，5G技术领先全球。

在华为追赶型发展模式的演变过程中，公司的创新战略在适应创新范式方面起着主导作用，是支持战略实施的机制。华为掌握了范式重构的能力，实现了"变轨"，"落后—引进"的死亡循环最终被打破。

鸿蒙系统助力"全场景智慧化战略"

在信息技术（IT）方面，华为以全面云化核心构建了宏大的生态系统，并在其中进行多维度自主创新。

2018年，华为提出"IoT生态战略"。2019年，这一战略升级为"1+2+3"的"全场景智慧化战略"。"1"是一个核心驱动力，也就是面向智能终端的HiAI能力开放平台；"2"是两个生态平台，主要指服务生态（基于Ability Gallery快服务智慧平台）和硬件生态（基于华为HiLink平台）；"3"是"1+8+N"三层结构化产品，"1"指手机；"8"代表八种电子设备产品；"N"是覆盖了住、行、医、工作四大领域的多种智能硬件终端。华为的这一战略旨在打造更精细化、更智能、更人性化的服务体验，为用户提供衣食住行全领域的智能服务。

"全场景智慧化战略"中处处体现着华为的"取舍有道"。三层结构化产品中，只有"1+8"是华为的业务范畴，规模最庞大涉面最广的"N"则是HiLink平台的赋能对象，只为加强其与核心业务的连接。

另外，华为明确表示不会与同行抢夺行业资源，要将可能性与同行共享。这种行业先锋气度，为华为有机会在未来实现超越提供了可能。

2019年，华为正式发布鸿蒙操作系统（Harmony OS），并逐步开始将支持5G的鸿蒙操作系统引入其"1+8+N"智能设备硬件中。华为在2019年就投资约10亿美元来招募开发人员，加强鸿蒙软件生态的覆盖率[1]。通过鸿蒙，可以实现设备之间的交互和多模通道整合。2019年，华为推出定位于未来家庭的、全新升级的智能大屏终端——智慧屏，具有语音视觉识别、传感、与其他智能终端协同交互等功能，可以应用于家庭娱乐、物联网控制等场景。

2019年5月23日，福布斯发布了一年一度的全球品牌价值100强榜单（The World's Most Valuable Brands），华为位列97名[2]，并获得"全球最大物联网公司""中国市场最知名品牌"等称号，手机销量位居全球第二[3]。尽管2020年受到新冠肺炎疫情的影响以及个别国家的打压，华为仍然保持增长，2020年前半年实现销售收入4540亿元，同比增长13.1%[4]。

第二节　电气机械和器材制造业

中国"电气机械和器材制造业"创新能力呈现先上升后下降，继而大幅上升态势。2010~2018年，该行业创新能力指数由19.47提高到

---

[1] 海观数码. 华为可升级鸿蒙系统名单已确认！分5批进行，这些手机将被淘汰. https://www.sohu.com/a/422834986_489987.
[2] 福布斯中国. 福布斯发布2019全球品牌价值100强，华为上榜苹果夺冠. https://www.forbeschina.com/business/581.
[3] 数据来源：国际数据公司（IDC）发布的2019年第四季度的《全球季度手机跟踪报告》（Worldwide Quarterly Mobile Phone Tracker）.
[4] 环球网. 华为公布2020年上半年经营业绩：实现逆势营收4540亿元. https://3w.huanqiu.com/a/c36dc8/3z31leH2Kdi.

34.56，年均增速达到 7.44%；创新实力指数由 19.64 提高到 39.09，年均增速为 8.98%；创新效力指数由 19.29 提高到 30.03，年均增速为 5.69%，如图 6-7 所示。2018 年，该行业 R&D 人员全时当量为 203 477 人年，R&D 经费内部支出达到 980.09 亿元，发明专利申请量为 41 615 件，新产品销售收入为 18 203.59 亿元。

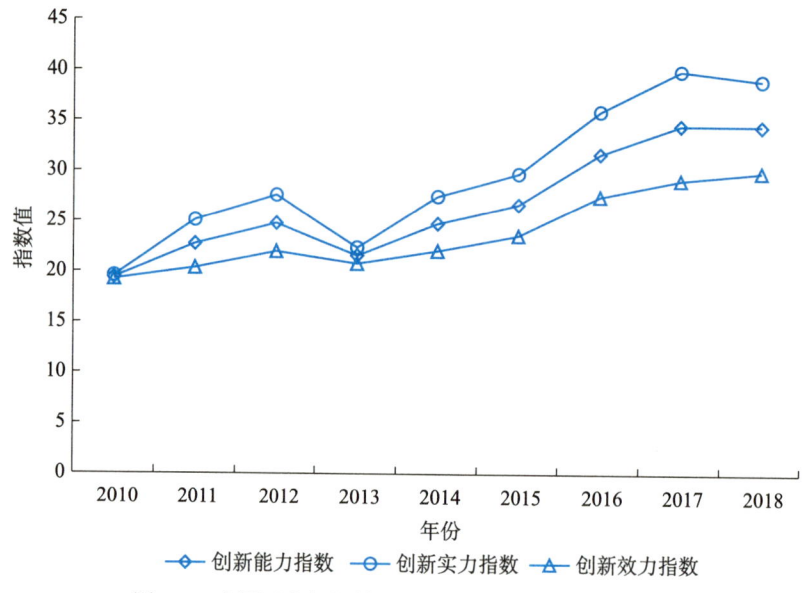

图 6-7　中国"电气机械和器材制造业"创新能力演进

2010~2018 年，中国"电气机械和器材制造业"创新实力指数上升速度较快，这主要得益于创新产出实力指数的大幅度提升，年均增速为 17.37%。与之相比，创新投入实力指数、创新条件实力指数、创新影响实力指数上升幅度略小，年均增速分别为 6.20%、8.78%、3.18%，如图 6-8 所示。在创新投入实力方面，2018 年，R&D 人员全时当量和 R&D 经费内部支出分别是 2010 年的 1.47 倍和 2.31 倍。在创新条件实力方面，2010~2018 年，企业办研发机构仪器和设备原价由 248.85 亿元增加到 567.95 亿元，企业办研发机构数由 1944 个增加到 3161 个，发明专利拥有量由 12 492 件增加到 84 449 件，企业办研发机构人员数由 165 772 人增加到 253 015 人。在创新产出实力方面，2010~2018 年，发明专利申请量由 8339 件增加到 41 615 件，实用新型和外观设计专利申请量由 20 639 件增加到 60 196 件。在创新影响实力方面，2018 年，利润总额达到 2943.10 亿元，新产品出口达到 4014.63 亿元，新产品销售收入达到 18 203.59 亿元，分别是 2010 年的 1.37 倍、2.13 倍和 2.11 倍。

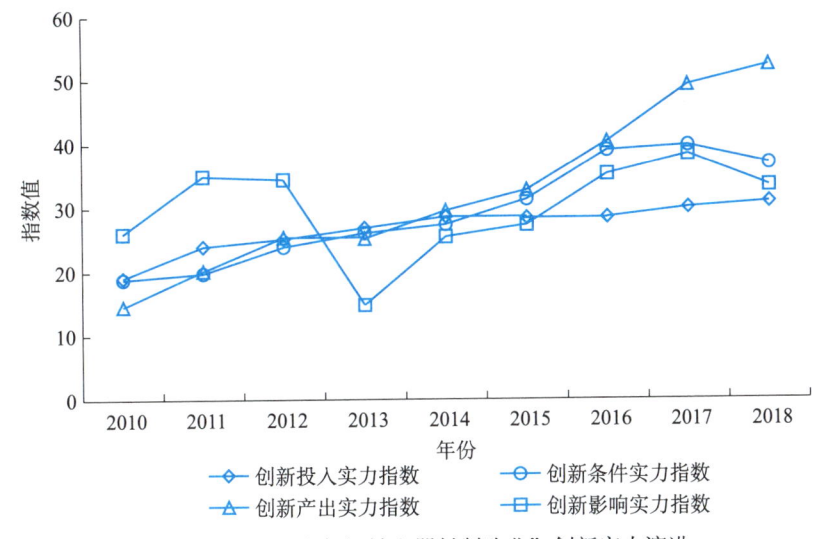

图 6-8　中国"电气机械和器材制造业"创新实力演进

值得关注的是 2010~2018 年中国"电气机械和器材制造业"在技术消化吸收上的投入不足。消化吸收经费在 2011 年达到峰值 14.30 亿元后持续下降，2018 年下降至 3.70 亿元，低于 2010 年的 8.66 亿元。此外，该行业的专利价值有待提升，专利所有权转让及许可收入整体波动较大，且增长缓慢。

2010~2018 年，中国"电气机械和器材制造业"创新效力指数整体提升较快，主要得益于创新产出效力指数的快速提升。2010~2018 年，创新产出效力指数年均增速为 12.37%，与之相比，创新投入效力指数、创新条件效力指数、创新影响效力指数年均增速分别为 4.20%、

5.39%、1.93%，如图 6-9 所示。在创新投入效力方面，2018 年，R&D 人员全时当量占从业人员比例达到 5.01%，R&D 经费内部支出占主营业务收入比例达到 2.46%，有 R&D 活动的企业占全部企业比例达到 61.55%，分别是 2010 年的 1.30 倍、1.55 倍和 1.40 倍。在创新条件效力方面，2010~2018 年，单位企业办研发机构人员数对应的企业办研发机构仪器和设备原价由 2010 年的 15.01 万元/人增加到 2018 年的 22.45 万元/人，企均有效发明专利数由 3.66 件增加到 19.53 件，设立研发机构的企业占全部企业的比例由 41.92% 增加到 43.23%。在创新产出效力方面，2010~2018 年，每万名 R&D 人员全时当量发明专利申请数由 604.43 件增加到 2045.19 件，每万名 R&D 人员全时当量实用新型和外观设计专利申请量由 1495.96 件增加到 2958.37 件。在创新影响效力方面，2018 年，单位能耗对应的利润总额达到 11 946.53 万元/万吨标准煤，单位从业人员利润达到 7.25 万元/人，新产品出口与新产品销售收入比例达到 22.05%，新产品开发支出与新产品销售收入比例达到 6.81%，新产品销售收入占主营业务收入比例达到 45.76%，分别是 2010 年的 1.18 倍、1.21 倍、1.01 倍、1.08 倍和 1.42 倍。

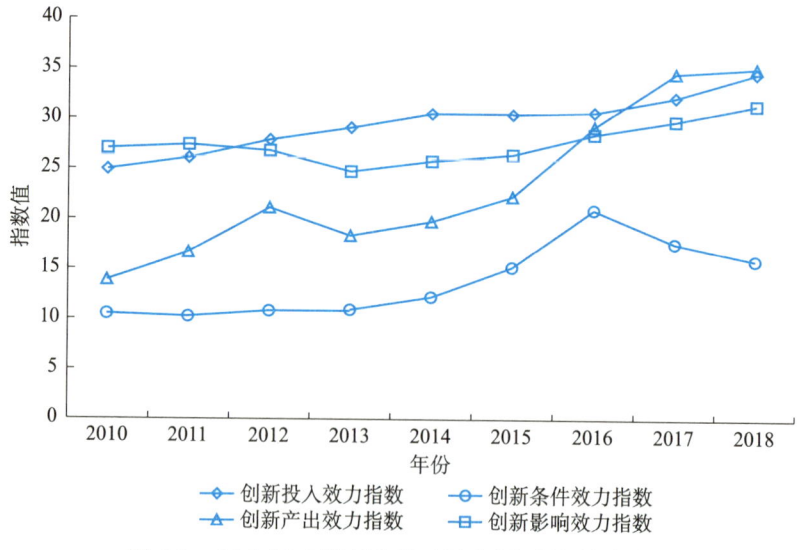

图 6-9 中国"电气机械和器材制造业"创新效力演进

值得注意的是，2010~2018年，中国"电气机械和器材制造业"部分创新效力指数相关指标呈现下降态势。主要原因有以下几方面。一是该行业对技术消化吸收重视不足。2010~2018年，消化吸收经费与技术引进经费比例波动较大，2010年为27.98%，2012年上升至52.68%，2018年降至25.01%。二是该行业专利价值有待提升，人均专利所有权转让及许可收入波动明显。每万名R&D人员全时当量专利所有权转让及许可收入由2010年的3781.12万元上升至2012年的4231.02万元，后下降至2013年的485.90万元，后又上升至2017年的3424.64万元，2018年该值下降至2563.74万元。

与国际领先企业相比，中国"电气机械和器材制造业"的创新实力还有较大差距。从2018年《财富》世界500强企业分行业来看，在"电气机械和器材制造业"营业收入前10名中，中国大陆企业有2家，分别是国家电网有限公司和中国南方电网有限责任公司，另有一家中国台湾地区企业排名进入前10名。美国商业专利数据库数据显示，2018年美国专利申请中，三星电子公司专利授权量为5850件，LG电子公司获得2474件，索尼公司获得1688件，通用电气公司获得1597件，分别居第2位、第5位、第15位、第18位，而国家电网有限公司和中国南方电网有限责任公司未进入前50名。

在创新效力方面，从R&D经费内部支出占主营业务收入比例和单位从业人员利润两个指标来看，中国"电气机械和器材制造业"与国际知名企业相比仍有一定差距。2018年，三星电子公司、通用电气公司、日立集团、索尼公司、日本松下电器产业株式会社的R&D经费内部支出占主营业务收入比例分别为7.65%、3.57%、3.41%、6.59%和6.11%，而中国"电气机械和器材制造业"的R&D经费内部支出占主营业务收入比例仅为2.46%。2018年，意大利国家电力公司、索尼公司、日立集团、日本松下电器产业株式会社的单位从业人员利润分别是92.37万元/人、52.94万元/人、10.48万元/人和9.17万元/人，中国"电气机械和器材制造业"的单位从业人员利润为7.25万元/人，国家电网有限公司的单位从业人员利润是 5.01 万元/人[①]。

2010~2018 年，中国"电气机械和器材制造业"激励指数提升较为明显，由 13.02 上升至 43.10，年均增速达到 16.14%。其中，2018 年，激励指数增长较为明显，同比增长 33.52%，如图 6-10 所示。2010~2018 年，研究开发费用加计扣除减免税由 160 084 万元上升至 743 942 万元，高新技术企业减免税由 523 374 万元上升至 1 549 033 万元，R&D 经费内部支出中政府资金由 93 124 万元上升至 258 710 万元；2018 年，上述指标分别是 2010 年的 4.65 倍、2.96 倍和 2.78 倍，如图 6-11 所示。具体而言，研究开发费用加计扣除减免税在 2011 年、2017 年和 2018 年增长较为迅速，同比分别增长 41.94%、35.37%、42.61%；高新技术企业减免税在 2013 年、2018 年增长较为迅速，同比增长 36.78%、28.61%；R&D 经费内部支出中政府资金在 2011 年、2018 年增长较为迅速，同比增长 74.15%、34.84%，如图 6-12 所示。

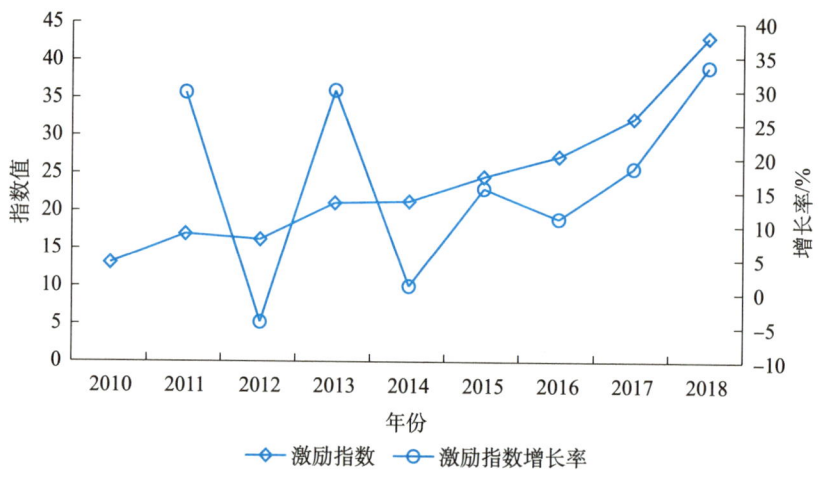

图 6-10 中国"电气机械和器材制造业"激励指数演进

---

① 数据来源为企业年报、《财富》中文网及其他公开资料；汇率根据中国人民银行 2018 年 12 月公布的数据折算。

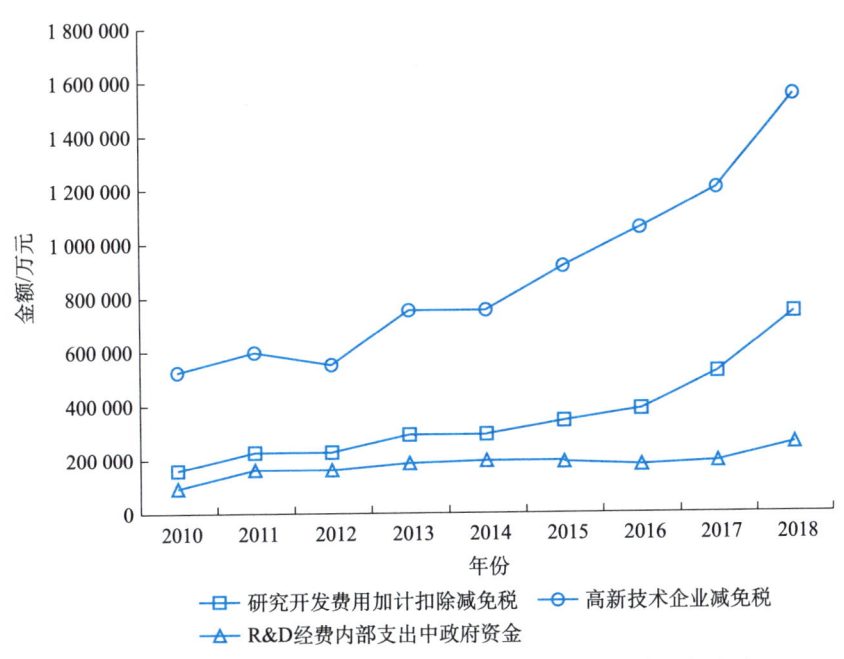

第六章 中国制造业重点行业创新能力和创新激励政策演进

图 6-11 中国"电气机械和器材制造业"激励指数具体指标演进

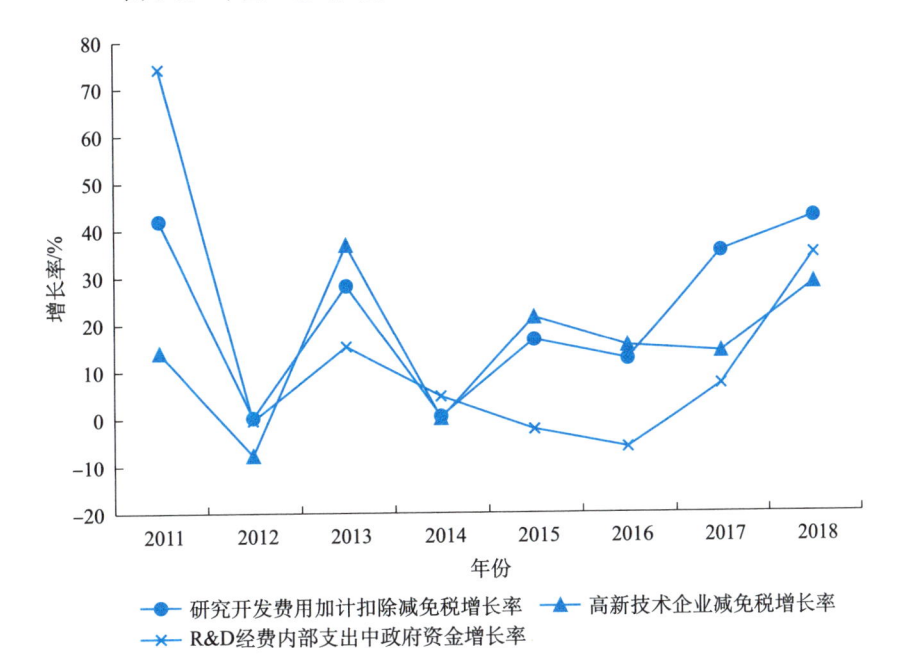

图 6-12 中国"电气机械和器材制造业"激励指数具体指标增长率演进

专栏：海尔集团

1984年，海尔集团（简称海尔）的前身青岛电冰箱总厂成立。历经30余年，海尔始终坚持创新引领发展的战略思路，从一个风雨飘摇、资不抵债的集体小厂跃身成为全球第一[①]的白色家电制造商，稳居中国最具价值品牌前三强。创新巨擘的成长并非一蹴而就，海尔的可持续发展与其对创新模式的不懈探索密不可分——某种程度上来说，海尔创新引领发展的道路就是海尔发展历史的缩影。

海尔组织战略与创新模式的共演

1984~2012年，海尔先后经历了品牌化、多元化、国际化、全球化四个战略阶段。面对日益复杂的市场环境，海尔人凭借卓越的创新精神，一次次地完成了自己的战略使命，解决了不同阶段企业所面临的主要发展问题。

在品牌化战略阶段，为了改变"低质，低价"的品牌形象，海尔提出了"高质量，高价格"的战略愿景。张瑞敏通过"砸冰箱"事件，彻底唤醒了海尔人的产品质量意识。海尔集团的前身青岛电冰箱总厂与德国利勃海尔公司签约，引进当时亚洲首条四星级电冰箱生产线，并通过聘请技术人员在实践中探索，消化吸收了国外先进冰箱生产技术知识2000余项。在这一阶段，海尔制定了技术引进与消化、吸收、创新并举的方针，引领海尔实现了以质量创品牌的战略目标。

随着我国人民对物质需求的进一步增加，国内消费者对家电的刚性需求逐渐从电冰箱发展到洗衣机、空调等多个领域。为了扩大规模、实现范围经济，海尔确立了多元化发展战略。1992~1998年，海尔走上了低成本扩张之路，以无形资产盘活有形资产，成功地实现了规模的扩张。海尔还创造性地提出了技术创新课题市场化的研发指导方针，借助合作设厂、技术合作等方式完善其研发体系。通过内外部的合作与协同，海尔不仅实现了产品多元化，也实现了家电技术的多元化发展。

---

① 欧睿国际：海尔全球十一连冠，生态品牌再加速. https://www.haier.com/about_haier/xinwen/20200109_113307.shtml［2021-01-29］.

1999年以后，为了成为世界知名品牌，海尔制定了在21世纪初进入《财富》世界500强行列的战略规划。为了与世界一流企业竞争，海尔借助现代信息技术和通信技术开始了以"市场链"为主的业务流程再造（BPR）工程，这是革命性的组织变革。在业务流程再造的每一个阶段，海尔的组织结构也根据需要不断进行调整，自1999年以来，其组织结构调整和流程重组超过40次。在流程再造阶段，海尔日益重视创新技术要素和非技术要素之间的协同，以实现全面创新，兼顾短期盈利和长期能力的发展。

在完成国际化战略阶段的目标之后，为了进一步增强国际竞争力，海尔正式提出进入全球化战略阶段。此时海尔面临的主要矛盾是，其早期在海外市场确立的低价家电产品形象与世界一流家电产品定位之间存在巨大差距。为提升品牌形象，海尔收购了斐雪派克、三洋家电等美国、日本、欧洲等国家和地区的老牌企业家电业务，既是为打开当地市场，也是为海尔打造自己的高端白色家电系列奠定基础。这次收购活动海尔既扩张了在发达国家的家电市场份额，又获得了外生的研发力量。

"人单合一"思想与互联网时代的平台化转型

海尔作为传统制造企业的典型，面对互联网的迅猛发展浪潮，率先提出平台化转型，用战略创新引领了其他要素的创新，构建起了互联网时代企业、员工和用户新的生产关系，在网络时代里再次成为制造业转型升级的先驱。

一是创造性地提出"人单合一"思想。互联网使得信息流动变得更加便捷，同时也对企业运用信息技术、快速响应用户需求有了更高的要求。"人单合一"思想应时而生。"人单合一"是管理思想的颠覆创新，它不仅要求海尔在信息技术上具备完善的企业资源计划（ERP）系统，更将员工价值与用户价值紧密联系在一起。在前述的全球化阶段，"人单合一"的管理理念创新，引领了海尔从国内大型企业向全球大型企业的华丽转型。

二是率先开展平台化转型。在海尔逐渐占据全球家电巨头地位过程中，海尔的"大企业病"也逐渐显现——中层管理人员冗余、创新动力不足、流程繁复等问题日益严重。在国家"双创"政策与"人单合一"

管理思想的指导之下，海尔进行了更为彻底的变革：向平台化组织演变。在这场变革中，员工变成了平台网络中的节点，部门间原有的基于制造流程的线性关系变成了错综复杂的基于"接口人"的网络关系。创新模式也由传统大企业的瀑布式转变成迭代式，创新的所有环节都被要求以并联方式直接面对用户。

海尔企业平台化组织模式颠覆了传统企业科层制组织模式，形成了平台主、小微主和创客组成的扁平化、网络化组织结构，成功打造了利益共赢的产业生态。在海尔的平台化转型过程中，其网络平台建设始终走在前面，为创新和资源整合提供了稳健的支撑。

转型虽往往伴随着阵痛，但过渡期之后，海尔迎来了属于自己的阶段性胜利：根据海尔智家股份有限公司（简称海尔智家）2015~2019年年报，自2015年起，海尔智家已连续4年实现营收和业绩高速增长，年均增长率达到了22.28%。在白色家电行业整体已经出现了进入周期性增长缓慢的低迷趋势下，海尔智家股份有限公司依然在2019年维持近10%的营收、业绩双增长。

第三节　交通运输设备制造业

中国"交通运输设备制造业"创新能力呈现先上升后下降态势。2010~2018年，中国该行业创新能力指数由19.78提高到2017年的34.91，后下降至30.91，年均增速达到5.74%；创新实力指数由22.84提高到2017年的45.93，后下降至38.66，年均增速为6.80%；创新效力指数由16.72提高到2017年的23.88，后下降至23.16，年均增速为4.16%，如图6-13所示。2018年，该行业R&D人员全时当量为267 758人年，R&D经费内部支出达到1431.70亿元，发明专利申请量为20 893件，新产品销售收入为27 985.21亿元。

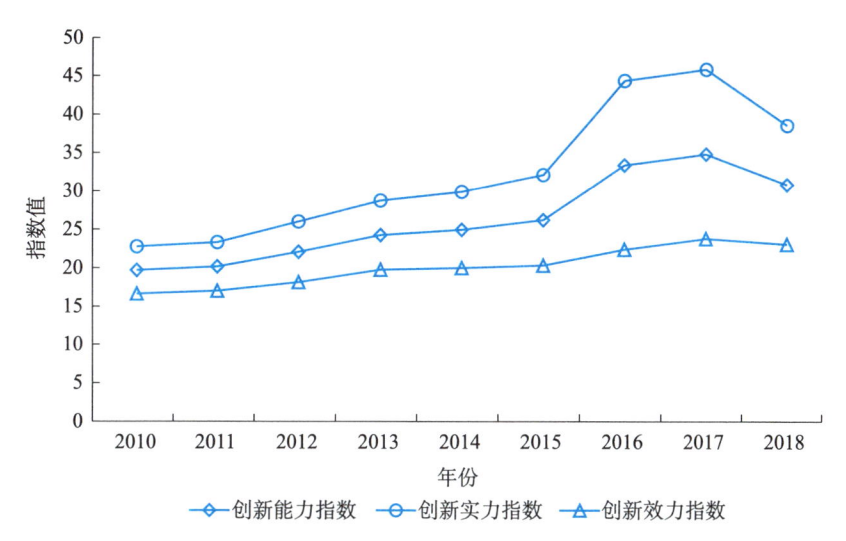

图 6-13 中国"交通运输设备制造业"创新能力演进

2010~2018 年，中国"交通运输设备制造业"创新实力指数上升速度较快，这主要得益于该行业创新产出实力指数的大幅度提升，年均增速为 12.21%。与之相比，创新投入实力指数、创新条件实力指数和创新影响实力指数上升幅度略小，年均增速分别为 7.43%、7.90% 和 3.09%，如图 6-14 所示。在创新投入实力方面，2018 年，R&D 人员全时当量、R&D 经费内部支出和消化吸收经费分别是 2010 年的 1.51 倍、2.46 倍和 1.54 倍。在创新条件实力方面，2010~2018 年，企业办研发机构仪器和设备原价由 361.07 亿元增加到 753.80 亿元，企业办研发机构数由 1516 个增加到 2234 个，发明专利拥有量由 6983 件增加到 59 828 件，企业办研发机构人员数由 187 223 人增加到 284 997 人。在创新产出实力方面，2010~2018 年，发明专利申请量由 5391 件增加到 20 893 件，实用新型和外观设计专利申请量由 18 309 件增加到 37 121 件。在创新影响实力方面，2018 年，利润总额达到 5965.30 亿元，新产品出口达到 2165.37 亿元，新产品销售收入达到 27 985.21 亿元，分别是 2010 年的 1.48 倍、1.28 倍和 1.63 倍。

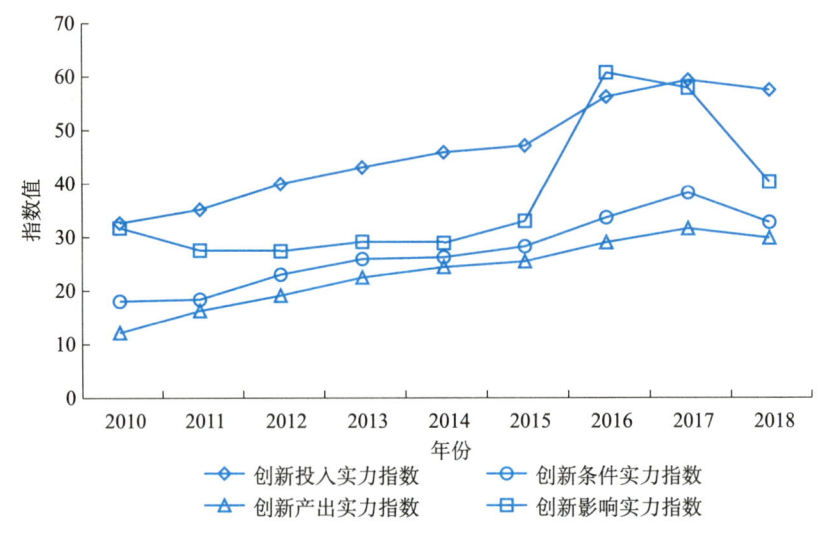

图 6-14　中国"交通运输设备制造业"创新实力演进

值得关注的是，中国"交通运输设备制造业"专利价值有待提升。2010～2018年，专利所有权转让及许可收入整体波动较大，2014年该收入仅为1.92亿元，而在2016年该收入上升至10.36亿元，2017年该收入又下降至9.11亿元。

2010～2018年，中国"交通运输设备制造业"创新效力指数整体提升较快，这主要得益于创新产出效力的快速提升。2010～2018年，创新产出效力指数年均增速为8.14%；与之相比，创新投入效力指数、创新条件效力指数、创新影响效力指数年均增速分别为4.47%、4.19%、2.68%，如图6-15所示。在创新投入效力方面，2018年，R&D人员全时当量占从业人员比例达到5.87%，R&D经费内部支出占主营业务收入比例达到2.25%，有R&D活动的企业占全部企业比例达到57.51%，分别是2010年的1.31倍、1.71倍和1.46倍。在创新条件效力方面，2010～2018年，单位企业办研发机构人员数对应的企业办研发机构仪器和设备原价由19.29万元/人增加到26.45万元/人，企均有效发明专利数由2.26件增加到14.23件。在创新产出效力方面，2010～2018年，每万名R&D人员全时当量发明专利申请数由304.71件增加到

780.29 件，每万名 R&D 人员全时当量实用新型和外观设计专利申请量由 1034.87 件增加到 1386.36 件。在创新影响效力方面，2018 年，单位能耗对应的利润总额达到 14 714.86 万元 / 万吨标准煤，单位从业人员利润达到 13.07 万元 / 人，新产品开发支出与新产品销售收入比例达到 6.38%，新产品销售收入占主营业务收入比例达到 43.93%，分别是 2010 年的 1.37 倍、1.29 倍、1.52 倍和 1.14 倍。

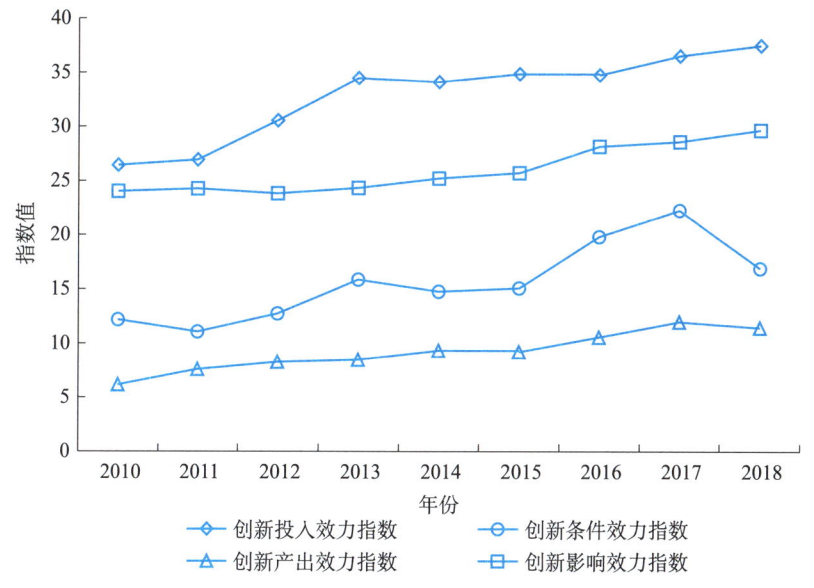

图 6-15 中国"交通运输设备制造业"创新效力演进

值得注意的是，2010～2018 年，中国"交通运输设备制造业"部分创新效力指数相关指标呈现下降态势。主要原因有以下几方面。一是该行业对技术消化吸收重视不足。2010～2018 年，消化吸收经费与技术引进经费比例由 30.28% 下降至 23.35%。二是单位 R&D 经费产出的实用新型和外观设计专利申请量下降明显。2010～2018 年，每亿元 R&D 经费实用新型和外观设计专利申请量由 31.45 件下降至 25.93 件。三是新产品出口竞争力有待提升。新产品出口与新产品销售收入比例由 2010 年的 9.85% 下降至 2018 年的 7.74%。

与国际领先企业相比，中国"交通运输设备制造业"的创新实力还有一定差距。从 2018 年《财富》世界 500 强企业分行业来看，在"交通运输设备制造业"营业收入前 10 名中，中国企业仅有 1 家，为上海汽车集团股份有限公司，但中国第一汽车集团公司和东风汽车集团有限公司分别位列第 11 位和第 13 位，排名相对靠前。美国商业专利数据库数据显示，2018 年美国专利申请中，丰田汽车公司专利授权量为 1959 件，现代汽车公司获得 1369 件，本田技研工业株式会社获得 926 件，波音公司获得 1227 件，分别居于第 13 位、第 19 位、第 33 位和第 23 位，而上海汽车集团股份有限公司未进入前 50 名。

在创新效力方面，从 R&D 经费内部支出占主营业务收入比例和单位从业人员利润两个指标来看，中国"交通运输设备制造业"与国际知名企业相比仍有一定差距。2018 年，大众汽车公司、丰田汽车公司、通用汽车公司、戴姆勒汽车公司和波音公司的 R&D 经费内部支出占主营业务收入比例分别为 5.78%、3.47%、5.86%、5.44% 和 3.23%，而中国"交通运输设备制造业"的 R&D 经费内部支出占主营业务收入比例仅为 2.25%。2018 年，丰田汽车公司、通用汽车公司、戴姆勒汽车公司和波音公司的单位从业人员利润分别是 36.89 万元/人、32.70 万元/人、27.68 万元/人和 50.19 万元/人，而中国"交通运输设备制造业"的单位从业人员利润仅为 13.07 万元/人，上海汽车集团股份有限公司的单位从业人员利润是 25.12 万元/人[①]。

2010~2018 年，中国"交通运输设备制造业"激励指数提升较为明显，由 27.69 上升至 57.19，年均增速达到 9.49%。其中，2011 年和 2012 年，激励指数增长较为明显，同比增长 22.51% 和 23.77%，如图 6-16 所示。2010~2018 年，研究开发费用加计扣除减免税由 308 878 万元上升至 1 126 143.00 万元，高新技术企业减免税由 693 466 万元上升至 1 266 000 万元，R&D 经费内部支出中政府资金由 520 402 万元上升至 789 059 万元；2018 年，上述指标分别是 2010 年的 3.65 倍、1.83

---

① 数据来源为企业年报、《财富》中文网及其他公开资料；汇率根据中国人民银行 2018 年 12 月公布的数据折算。

倍和 1.52 倍，如图 6-17 所示。具体而言，研究开发费用加计扣除减免税在 2012 年增长较为迅速，同比增长 72.40%；高新技术企业减免税在 2016 年、2017 年增长较为迅速，同比增长 22.10%、30.97%；R&D 经费内部支出中政府资金在 2011 年、2012 年增长较为迅速，同比增长 34.12%、31.30%。如图 6-18 所示。

图 6-16 中国"交通运输设备制造业"激励指数演进

图 6-17 中国"交通运输设备制造业"激励指数具体指标演进

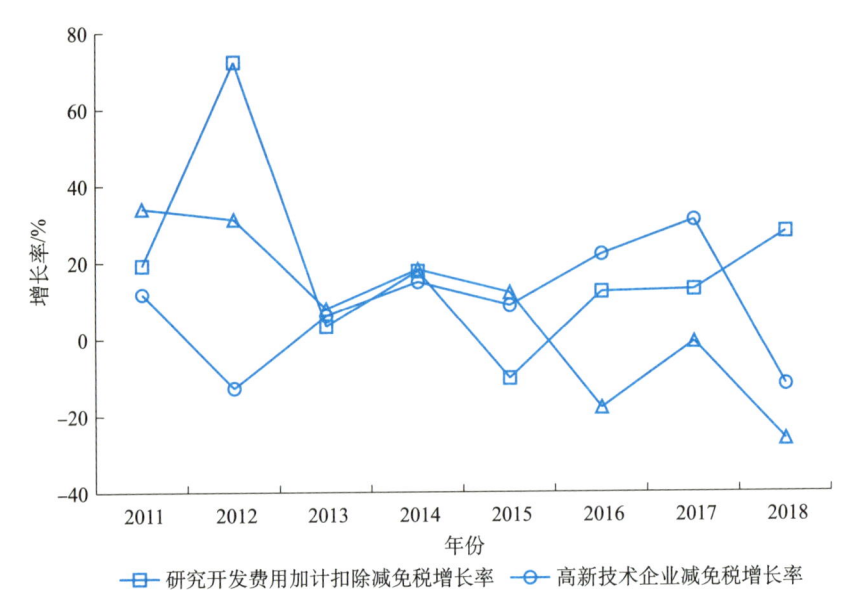

图 6-18 中国"交通运输设备制造业"激励指数具体指标增长率演进

专栏：比亚迪股份有限公司

比亚迪股份有限公司（下文简称比亚迪）自 1995 年 2 月成立起，自始至终专注于高新技术产业，并一直践行"用技术创新，满足人们对美好生活的向往"的伟大愿景。比亚迪作为一家民营企业，始终走在大胆开拓，不断创新的道路上，从代工电池、手机起家，之后拓展到汽车行业进而进军新能源产业，实现了从代工生产到自主品牌的转型升级。历经近 30 年的快速发展后，比亚迪建立了超过 30 个工业园区，覆盖世界六大洲范围[1]，达成全球先进的战略布局。比亚迪在电子、汽车、新能源产业等业务范围均达到了世界领先的地位，并在香港和深圳上市，公司营业额和总市值均达到千亿级别。

---

[1] 参见：比亚迪官网，http://www.bydauto.com.cn/auto/NewAboutUS.html［2021-01-29］.

模仿创新，奠定发展基础

1995年，"大哥大""BP机"等产品开启了数字产品潮流，导致市场对后备电池的需求量大幅增加，而日本索尼公司、三洋公司等垄断厂商为保持其技术优势，采取了封闭的全自动一体化生产线设计，原厂电池动辄售价上千元。当时，比亚迪瞄准了电池低端市场，主张生产廉价耐用的手机电池。初期，比亚迪由于资金匮乏，无法全部引进发达国家的全自动化生产线，便将其分解为一系列工序及若干工位，创新性地设计出"人工＋夹具"的半自动化生产方式，并模仿日本索尼公司的制作工艺，推出了手机电池，成本降低了40%。凭借模仿创新的策略获得极大成本优势后，比亚迪先后获得了台湾大霸电子股份有限公司、荷兰皇家飞利浦公司等厂商的原厂委托制造（OEM）订单，使得三洋公司、东芝公司等国际电池巨头基本被挤出国内市场。比亚迪的尝试把电池制造这一资本密集型产业变成了劳动密集型产业，最大限度地将技术与劳动力相结合，获得了外国竞争对手难以模仿的成本优势和产品性能。

集成创新与营销创新，跨界汽车领域

比亚迪拓展至汽车制造业时，为破除单纯组装的局限性，采取了模块化垂直整合模式，至少70%[1]的零配件均实现了公司内部自主设计、研发和生产，占据和控制了价值网络的大部分节点。这种集成创新方式不仅大幅降低了交易成本，而且通过磨合设计优化了整车性能。研发设计和零部件模具的自主开发是比亚迪垂直整合模式成功的关键。凭借技术集成创新策略，比亚迪开发出性价比极高的产品F3。此外，针对自身销售资源不足的问题，比亚迪推出分站上市的营销策略，即集中所有营销力量对各个分站展开精准渠道铺设工作，这种营运模式的创新大获成功，F3的上市对国内中低端汽车市场造成了颠覆性冲击。从2006年扭亏为盈之后，比亚迪汽车的销量就一直高速增长，2006~2009年的增长率分别高达414%、51%、77%和143%[2]。

---

[1] 朱瑞博，刘志阳，刘芸. 2011. 架构创新，生态位优化与后发企业的跨越式赶超——基于比亚迪、联发科、华为、振华重工创新实践的理论探索. 管理世界，(7):69-97.

[2] 中国汽车工业协会统计信息网. http://www.auto-stats.org.cn/.

自主创新，构建商业生态系统

通过在传统燃油汽车领域的探索和在动力电池领域的积累，比亚迪从2008年开始尝试将核心电池技术嫁接到汽车研发上，由传统汽车行业转型进入新能源汽车领域。

比亚迪不仅坚持"技术为王"的创新理念，还特别注重研发团队的建设。据比亚迪年报，2008年，比亚迪的研发投入为11.6亿元，比2007年增加了66%；员工约14万人，其中有1.2万名工程师做基础项目的研发，约占员工总数的9%。2009年，研发投入占当年总收入的10%。比亚迪坚持全产业链布局，至今已具备动力电池完整的研发及生产体系，包括矿产资源开发、材料研发制造、工艺研发、电芯研发制造、电池管理系统（BMS）研发制造、模组研发制造、电池包开发制造、梯级利用回收。

在这种理念引导下，比亚迪自主研发出双模多引擎（DM）技术，即一种可在纯电动与混合动力两种模式间互相切换的技术。这种双模切换混合系统最大输出功率为217 kW，最大扭矩为479 N·m，在保证一定动力性能的同时，优化了环保性能，百公里油耗被限制在2 L以内[①]，同时还可连接普通家用电源，突破了专业充电桩的限制，该限制是对较为成熟的油电混合系统（如丰田普锐斯）的巨大挑战。

此外，比亚迪在电机电控、充电铁电池等领域也研发出了全新的核心技术。比亚迪还依托自身IT与新能源汽车的技术研发优势，将遥控驾驶、云服务、车内空调绿净技术结合，打通产业链上更多环节，并将产业拓展至其他新能源行业，先后推出太阳能电站、储能电站、环保发光二极管（LED）照明等产品，实现了收入来源多元化，构建了属于自己的新能源商业生态系统。

同时，为了打破比亚迪在消费者心中固有的"抄袭者""低端"等印象，比亚迪在跨入新能源产业领域后，积极与生态系统内各方利益相关者展开协作。通过搭建"迪粉汇"应用、"迪车会"论坛，比亚迪积极打造与终端客户的沟通平台，通过对客户需求的响应与互动来推动终端产品的不断改进。此外，比亚迪还积极与政府、行业协会进行合作，先后与湖北武汉市、浙江杭州市、河北承德市等多地人民政府进行合

---

① 参见：比亚迪官网，http://www.bydauto.com.cn/auto/NewAboutUS.html。

作，助力当地新能源汽车进行推广应用。在与相关利益主体关联的基础上，比亚迪开放了专门为电动车研发而打造的 e 平台以分享技术成果，积极邀请滴滴出行科技有限公司、亚历山大丹尼士有限公司（ADL）、Thriev 公司等国内外大客户参与电动汽车设计，搭建以比亚迪为技术和服务核心的电动汽车网络。在欧洲市场，比亚迪与欧洲最大的城市大巴商亚历山大丹尼士有限公司（ADL）合作，共同开发针对欧洲市场的零排放单层电动公交车队。

在这一系列的技术创新和构建生态系统的措施下，比亚迪逐渐实现了从价值链低端向高端的跃迁。到 2018 年，比亚迪新能源汽车连续 3 年全球销量第一，超越特斯拉、日产等品牌，全球市场占有率超过 11%，成为中国制造走出国门的标杆[①]。

比亚迪 2019 年年报显示，其年度实现营业收入 1277.39 亿元，同比下降 1.78%，这主要是受到新能源补贴退坡和研发投入增大的影响。不过，比亚迪新能源汽车销量依旧位于全球新能源汽车销量前列，品牌影响力持续提升。未来，比亚迪将积极求新求变，加强技术研发创新，推进产业链开放融合，完善产品布局，巩固竞争优势，提升品牌力，推动新能源汽车业务稳步增长。

第四节　专用设备制造业

中国"专用设备制造业"创新能力呈现上升态势。2010～2018 年，该行业创新能力指数由 15.04 提高到 21.20，年均增速达到 4.38%；创新实力指数由 10.44 提高到 16.37，年均增长 5.79%；创新效力指数由 19.65 提高到 26.02，年均增长 3.58%，如图 6-19 所示。2018 年，该行业 R&D 人员全时当量为 106 758 人年，R&D 经费内部支出达到 440.9 亿元，发明专利申请量为 13 658 件，新产品销售收入为 5634.2 亿元。

---

① 中国汽车工业协会统计信息网. http://www.auto-stats.org.cn/.

图 6-19 中国"专用设备制造业"创新能力演进

中国"专用设备制造业"创新实力指数缓慢波动上升，这主要得益于该行业创新条件实力指数、创新产出实力指数的提升，年均增速分别为 7.13%、12.53%。与之相比，创新投入实力指数、创新影响实力指数上升幅度略小，年均增速分别为 3.66%、1.46%，如图 6-20 所示。在创新投入实力方面，2018 年，R&D 人员全时当量和 R&D 经费内部支出分别是 2010 年的 1.23 倍和 1.88 倍。在创新条件实力方面，2010～2018 年，企业办研发机构仪器和设备原价由 125.79 亿元增加到 265.79 亿元，企业办研发机构数由 1130 个增加到 1599 个，发明专利拥有量由 6303 件增加到 46 057 件，企业办研发机构人员数由 97 814 人增加到 121 389 人。在创新产出实力方面，2010～2018 年，发明专利申请量由 4027 件增加到 13 659 件，实用新型和外观设计专利申请量由 9440 件增加到 19 966 件。在创新影响实力方面，2018 年，利润总额达到 1145.6 亿元，新产品出口达到 875.03 亿元，新产品销售收入达到 5634.2 亿元，分别是 2010 年的 1.08 倍、2.95 倍和 1.74 倍。

值得关注的是，2010～2018 年，中国"专用设备制造业"在技术消化吸收上的投入不足，消化吸收经费由 4.35 亿元下降至 1.34 亿元。

此外，该行业专利价值有待提升，专利所有权转让及许可收入呈现下降态势，由 2011 年的 7.39 亿元下降至 2017 年的 0.82 亿元。

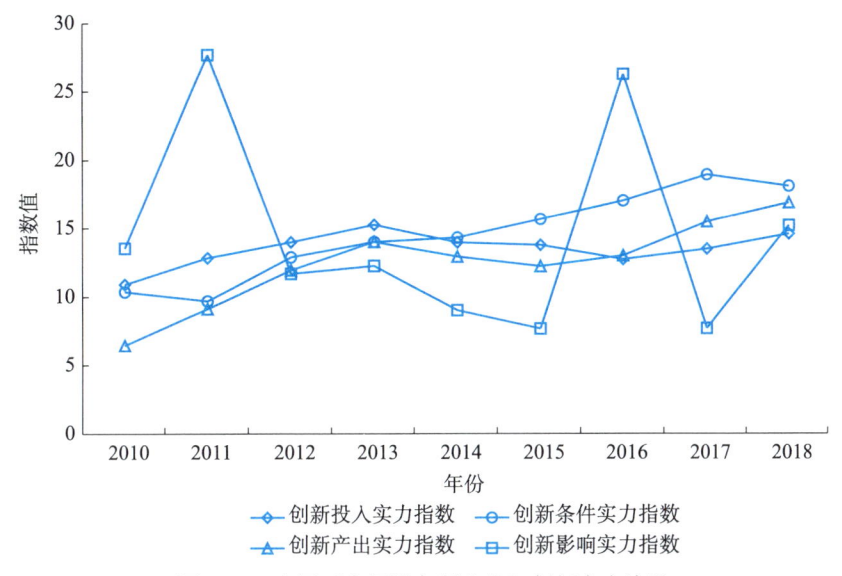

图 6-20 中国"专用设备制造业"创新实力演进

中国"专用设备制造业"创新效力指数整体提升较快，这主要得益于创新产出效力和创新条件效力的快速提升。2010～2018 年，创新条件效力指数和创新产出效力指数的年均增速分别为 5.14%、10.06%；与之相比，创新投入效力指数、创新影响效力指数的年均增速分别为 2.00%、0.92%，如图 6-21 所示。在创新投入效力方面，2018 年，R&D 人员全时当量占从业人员比例达到 5.71%，R&D 经费内部支出占主营业务收入比例达到 2.67%，有 R&D 活动的企业占全部企业比例达到 61.66%，分别是 2010 年的 1.11 倍、1.31 倍和 1.29 倍。在创新条件效力方面，2010～2018 年，单位企业办研发机构人员数对应的企业办研发机构仪器和设备原价由 12.86 万元 / 人增加到 21.9 万元 / 人，企均有效发明专利数由 3.59 件增加到 19.56 件。在创新产出效力方面，2010～2018 年，每万名 R&D 人员全时当量发明专利申请数由 464.28 件增加到 1279.44 件，每万名 R&D 人员全时当量实用新型和外观设计专利申请量由 1088.35 件增加到 1870.21 件。在创新影响效力方面，2018 年，单位能耗对应的利润总额达到 6239.34 万元/万吨标准煤，单位从业人员利润达到 6.13 万元/人，新产品开发支出与新产品销售收入比例达到 8.88%，新产品销售收入占主营业务收入比例达到 34.13%，分别是 2010 年的 1.09 倍、0.98 倍、0.96 倍和 1.22 倍。

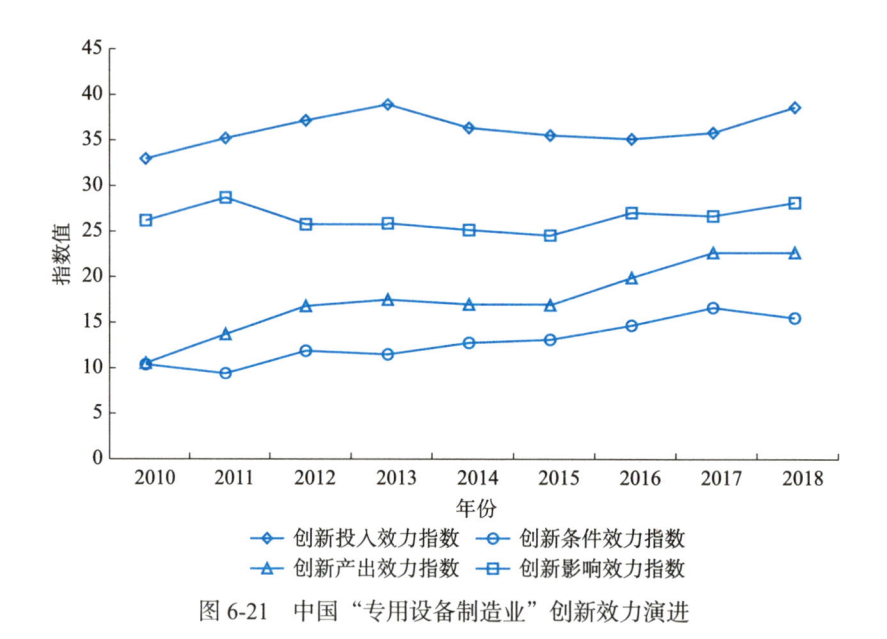

图 6-21 中国"专用设备制造业"创新效力演进

值得注意的是，中国"专用设备制造业"部分创新效力指标呈现下降态势。主要原因有以下几方面。一是该行业对技术消化吸收重视不足。2010～2018 年，消化吸收经费与技术引进经费比例由 58.57% 下降至 23.16%。二是企业对独立研发机构的重视度有待提升。设立研发机构的企业占全部企业的比例由 2010 年的 45.9% 减少到 2018 年的 42.56%。

与国际领先企业相比，中国"专用设备制造业"的创新实力还有一定差距。从研发经费内部支出看，卡特彼勒公司、斯伦贝谢公司和荷兰皇家飞利浦公司 2018 年研发经费内部支出分别为 123 亿元、46 亿元和 141 亿元，而 2018 年中国"专用设备制造业"整个行业的 R&D 经费内部支出仅为 440.9 亿元。从专利申请及授权量来看，2018 年卡特彼勒公司、斯伦贝谢公司、迪尔公司和荷兰皇家飞利浦公司专利申请及授权总量分别为 3271 件、785 件、3395 件和 3802 件，中国"专用设备制造业"整个行业的发明专利申请量为 13 659 件。

在创新效力方面，从 R&D 经费内部支出占主营业务收入比例和单位从业人员利润两个指标来看，中国"专用设备制造业"与国际知名企业相比仍有一定差距。2018 年，卡特彼勒公司和荷兰皇家飞利浦公司的 R&D 经费内部支出占主营业务收入比例分别为 4.07% 和 7.57%，中国"专用设备制造业"的 R&D 经费内部支出占主营业务收入比例仅为 2.67%。2018 年，迪尔公司和荷兰皇家飞利浦公司的单位从业人员利润分别是 19 万元/人、15 万元/人，中国"专用设备制造业"的单位从业人员利润为 6.13 万元/人[①]。

中国"专用设备制造业"创新激励政策影响指数改善较为明显。2010~2018 年，该行业激励指数由 10.45 上升至 19.85，年均增速达到 8.35%。其中，2017 年，激励指数增长较为明显，同比增长 42.34%，如图 6-22 所示。2010~2018 年，研究开发费用加计扣除减免税由 208 033 万元上升至 351 014 万元，高新技术企业减免税由 235 508 万元上升至 549 532 万元，R&D 经费内部支出中政府资金由 140 646 万元上升至 229 682 万元；2018 年，上述指标分别是 2010 年的 1.69 倍、2.33 倍和 1.63 倍，如图 6-23 所示。具体而言，研究开发费用加计扣除减免税在 2015 年、2017 年增长较为迅速，同比增长 29.87%、55.67%，高新技术企业减免税在 2011 年、2012 年、2017 年增长较为迅速，同比增长 37.08%、36.37%、48.35%，R&D 经费内部支出中政府资金在 2013 年、2018 年增长较为迅速，同比增长 23.67%、29.48%，如图 6-24 所示。

---

① 数据来源为企业年报、《财富》中文网及其他公开资料；汇率根据中国人民银行 2018 年 12 月公布的数据折算。

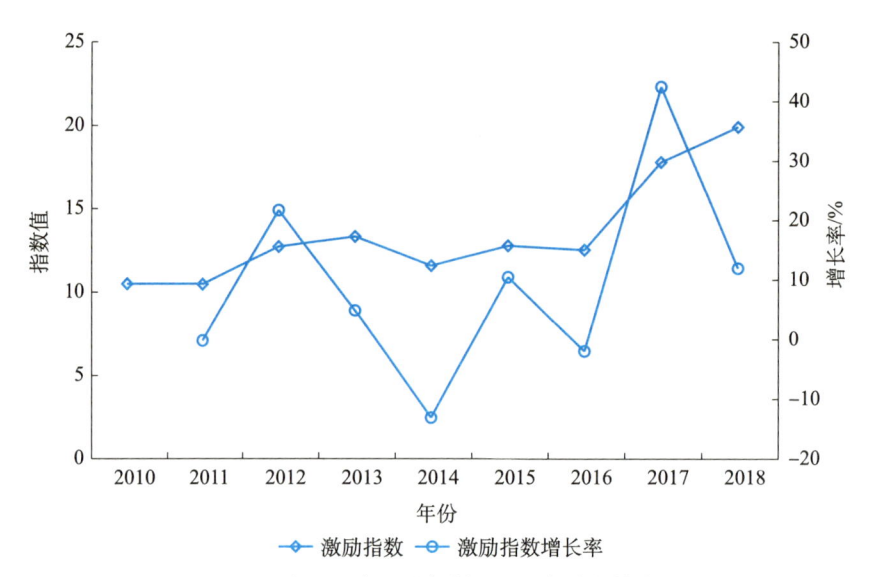

图 6-22 中国"专用设备制造业"激励指数演进

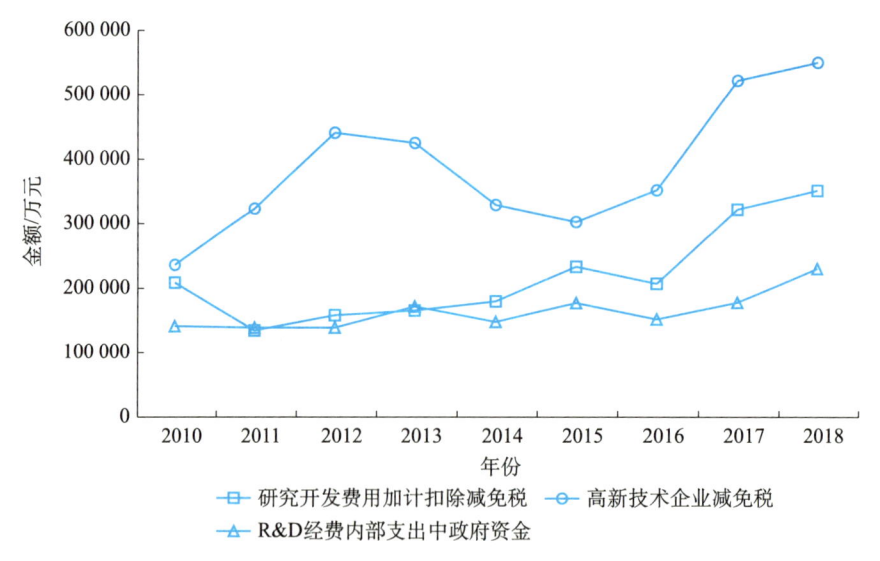

图 6-23 中国"专用设备制造业"激励指数具体指标演进

图 6-24 中国"专用设备制造业"激励指数具体指标增长率演进

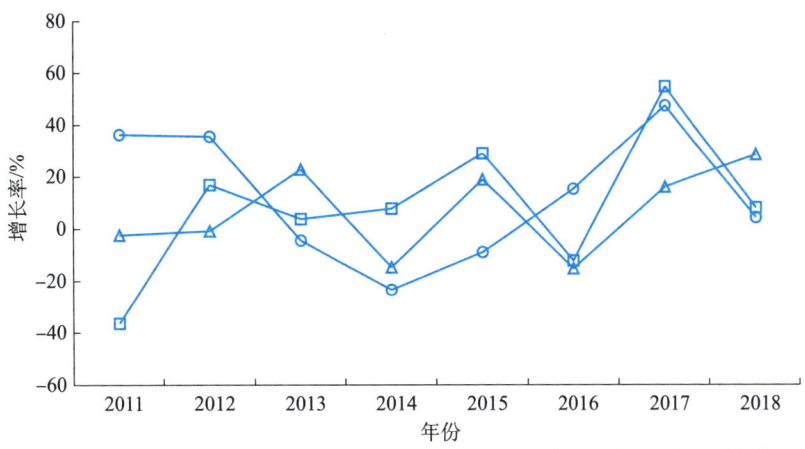

专栏：杭州海康威视数字技术股份有限公司

杭州海康威视数字技术股份有限公司（下文简称海康威视）于2001年成立，2010年在深圳证券交易所上市，是安防产品和安防行业解决方案的提供商，也是全球最大的视频监控设备供应商，其主要产品有摄像机/智能球机、光端机等，其硬盘录像机（digital video recorder，DVR）、网络视频录像机（Network Video Recorder，DVR）产品销量位居全国第一位。海康威视具有领先的核心技术，其产品在诸多重大安保项目（如北京奥运会、青藏高原铁路等）中得到广泛应用。

二次创新赢得后发优势

对现有技术进行二次创新形成后发优势，对于中国企业来说是在目前在海内外商业竞争中赢得竞争优势的最有效办法。创业初期，海康威视缺乏经营经验和技术积累，主要产品市场份额落后于国内外竞争对手。海康威视实现二次创新主要有两个阶段。在第一阶段，海康威视通过引进国外成熟技术进行渐进式创新。在研发新一代压缩板卡时，海康威视采取软压缩方案，与其他三家采取硬压缩方案的竞争对手进行竞争。海康威视首先引进了国外的数字信号处理器（digital signal processor），然后将自主研发的编解码算法写入数字信号处理器中。由于硬压缩方案产品性能始终达不到稳定状态，而海康威视采取的软压缩方案产品技术性能较为稳定，成功推向了市场。海康威视在技术创新和市场占有率方面取得了双成功。在第二阶段，海康威视着力进行自主创新，形成主导设计能力。在新一代压缩板卡的解编码标准的开发过程中，海康威视首先采取 H.264 标准。海康威视内部研究表明，H.264 的压缩效率和静止图像的处理效果都高于当时市场上流行的 MPEG-4 标准，且技术更加简单易行。海康威视先后推出了采用基于 H.264 标准的多种产品，销售效果理想，在产品多样性和市场占有率上远远超过竞争对手，也因此成为国内安防行业外的第一大品牌。

由此可见，技术创新是企业创新发展的源泉，企业自主创新能力的演化与升级，对于实现二次创新能力来说至关重要，当企业能够用原始创新能力去替代二次创新能力时，才能真正实现"技术跟随—技术赶超—技术超越"的转型[①]。

从技术追赶到技术超越

海康威视在创新过程中，通过抓住市场机会，迅速扩大市场份额，实现后来居上。近年来，全球范围内恐怖袭击等事件不断发生，安全防范问题受到世界各国的广泛关注，全球安防产品市场份额持续增长。与此同时，我国国内安防行业市场也逐渐扩展至交通、金融、文教卫等多个领域。早在 2004 年，海康威视就开始注重营销管理，并逐步搭建自有营销网络。当时，国内的安防企业大多采用经销商模式进行产品销

---

① 吴晓波，李思涵. 中国企业从"二次创新"到"原始创新"的超越追赶之路. 清华管理评论，2020（Z2）：119-127.

售，而海康威视在与经销商合作的同时，建立了自有的销售渠道来进行市场拓展。自有营销渠道与经销商销售模式相结合，不仅能够对终端客户的需求进行及时的感知和反馈，从而更加贴近市场，避免出现技术与服务脱节，而且可以提高市场开拓效率。海康威视自有营销网络的搭建进一步助力企业市场份额的扩大。

2009年，国务院出台相关政策文件鼓励我国企业加强国产软件的研发生产和行业解决方案的推广，这给海康威视带来了又一发展机遇——解决方案市场。面对前景看好的解决方案市场，海康威视开始进行战略转型。首先，海康威视逐渐从一个安防产品的产品供应商，转变成为一个解决方案提供商，将业务领域从单一产品扩展至以产品、软件平台，解决方案为一体的综合服务供应商。同时，为了适应产品战略的调整，海康威视对企业组织结构也进行了重大调整。公司根据客户所处行业设立七大事业部，并面向80多个子行业提供解决方案。实施细分行业战略转型的第一年，海康威视营业收入增长率就达到了71.57%[1]。海康威视同样重视向国外市场进军，建立了三级服务体系，覆盖发达国家市场，并继续进军新兴经济体市场。海康威视的三级服务体系，能够面向遍布全球的多样化客户提供服务：第一级为杭州总部；第二级为具备销售、仓储、技术支持等功能的全球子公司；第三级为授权客户服务站，能够更加深入的进行本地化服务。海外服务体系的搭建帮助海康威视在海外市场快速推出新产品，实现了海外市场份额的赶超。

2020年11月13日，在a&s《测评&选型》期刊公布的"全球安防50强"榜单上，海康威视名列第一。为了进一步促进生态建设，海康威视在产品、服务、标准等维度建立开放体系。在AI技术的驱动下，智能物联网的数据将得到大规模的开发和应用，对于安防产业来说，将进入到一个新的市场格局。正如海康威视总裁胡扬忠所说："在智能化的浪潮中，海康威视将在变革中与更多合作伙伴共同迎接科技创新者的好时代。"

---

[1] 吴晓波,付亚男,吴东,雷李楠.后发企业如何从追赶到超越？——基于机会窗口视角的双案例纵向对比分析.管理世界,2019,35（02）：151-167.

第五节　通用设备制造业

中国"通用设备制造业"创新能力呈现稳步上升态势。2010~2018年,该行业创新能力指数由 13.38 提高到 18.76,年均增长 4.32%;创新实力指数由 9.89 提高到 15.24,年均增长 5.55%;创新效力指数由 16.87 提高到 22.28,年均增长 3.54%,如图 6-25 所示。2018 年,该行业 R&D 人员全时当量为 118 380 人年,R&D 经费内部支出达到 441.81 亿元,发明专利申请量为 11 047 件,新产品销售收入为 6806.18 亿元。

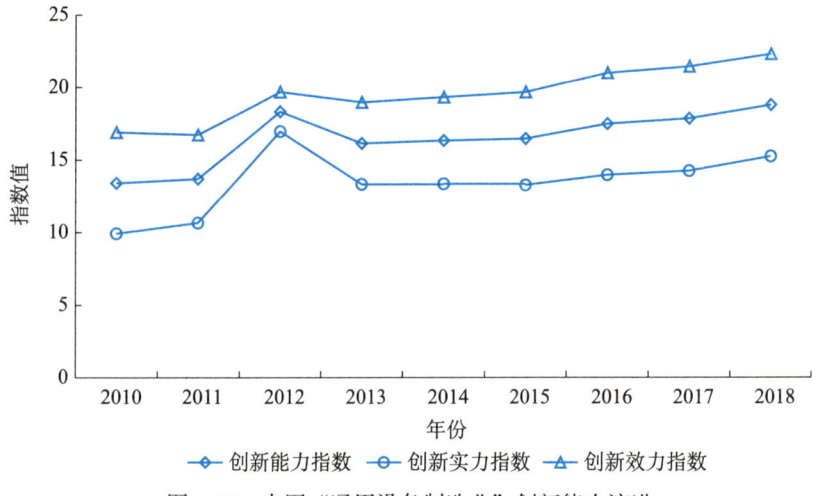

图 6-25　中国"通用设备制造业"创新能力演进

中国"通用设备制造业"创新实力指数年均增速较快,主要得益于该行业的创新产出实力指数的大幅提升,其年均增速达到 11.21%。与之相比,创新投入实力指数、创新条件实力指数和创新影响实力指数的上升幅度略小,年均增速分别为 1.83%、5.83% 和 3.05%,如图 6-26 所示。在创新投入实力方面,2018 年,R&D 人员全时当量和 R&D 经费内部支出分别是 2010 年的 1.21 倍和 1.86 倍。在创新条件实力方面,2010~2018 年,企业办研发机构仪器和设备原价由 165.06 亿元增加到 373.36 亿元，企业办研发机构数由 1526 个增加到 1971 个，发明专利拥有量由 5668 件增加到 33 868 件，企业办研发机构人员数由 105 406 人增加到 137 478 人。在创新产出实力方面，2010～2018 年，发明专利申请量由 3330 件增加到 11 047 件，实用新型和外观设计专利申请量由 10 592 件增加到 20 608 件。在创新影响实力方面，2018 年，利润总额达到 1492.70 亿元，新产品出口达到 1135.69 亿元，新产品销售收入达到 6806.18 亿元，分别是 2010 年的 1.15 倍、2.38 倍和 1.79 倍。

值得关注的是，2010～2018 年，中国"通用设备制造业"在技术消化吸收上投入不足，消化吸收经费由 12.30 亿元下降至 4.01 亿元。此外，该行业专利价值有待稳定提升，2010～2018 年，专利所有权转让及许可收入最小值为 2369 万元，最大值为 51 891 万元。

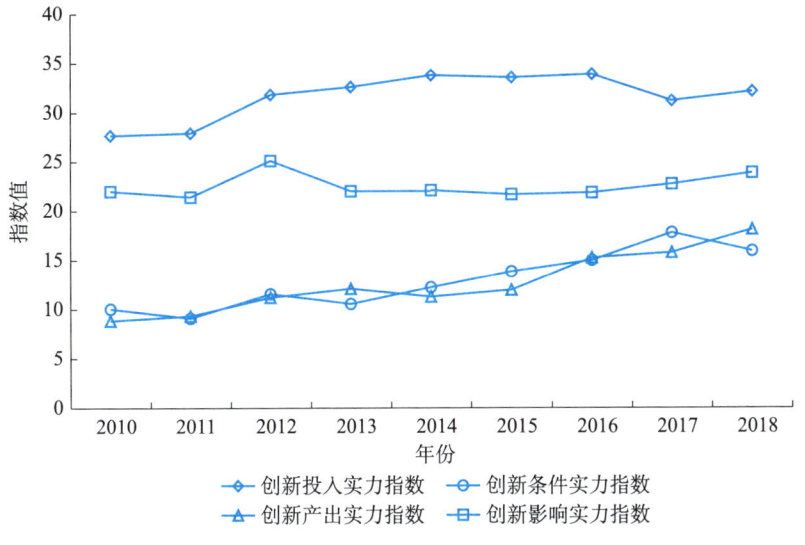

图 6-26 中国"通用设备制造业"创新实力演进

中国"通用设备制造业"创新效力整体提升较慢，主要原因是创新投入效力和创新影响效力增长缓慢。2010～2018 年，创新投入效力指数和创新影响效力指数的年均增速分别为 1.88%、1.02%，与之相比，创新条件效力指数和创新产出效力指数的年均增速分别为 5.92%、9.33%，如图 6-27 所示。在创新投入效力方面，2018 年，R&D 人员全时当量占从业人员比例达到4.82%，R&D经费内部支出占主营业务收入比例达到2.09%，有R&D活动的企业占全部企业比例达到61.67%，分别是2010年的1.08倍、1.32倍和1.44倍。在创新条件效力方面，2010～2018年，单位企业办研发机构数对应的企业办研发机构仪器和设备原价由1081.62万元/个增加到1894.29万元/个，单位企业办研发机构人员数对应的企业办研发机构仪器和设备原价由15.66万元/人增加到27.16万元/人，企均有效发明专利数由2.05件增加到11.53件，设立研发机构的企业占全部企业的比例由42.81%增加到46.35%。在创新产出效力方面，2010～2018年，每万名R&D人员全时当量发明专利申请数由339.49件增加到933.18件，每亿元R&D经费发明专利申请量由14.03件增加到25.00件，每万名R&D人员全时当量实用新型和外观设计专利申请量由1079.84件增加到1740.83件，每亿元R&D经费实用新型和外观设计专利申请量由44.63件增加到46.64件。在创新影响效力方面，2018年，单位能耗对应的利润总额达到4177.69万元/万吨标准煤，单位从业人员利润达到6.07万元/人，新产品出口与新产品销售收入比例达到16.69%，新产品销售收入占主营业务收入比例达到32.22%，分别是2010年的1.05倍、1.03倍、1.40倍和1.20倍。

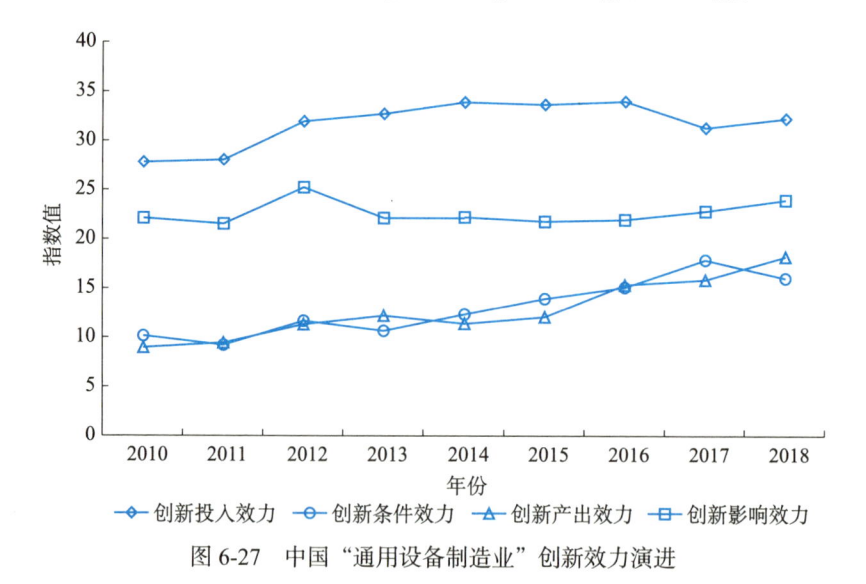

图6-27 中国"通用设备制造业"创新效力演进

值得注意的是，中国"通用设备制造业"部分创新效力指标呈现下降态势。主要原因有以下几方面。一是该行业对技术消化吸收重视不足。2010～2018年，消化吸收经费与技术引进经费比例由52.90%下降至21.43%。二是该行业对新产品开发投入不够。新产品开发支出与新产品销售收入比例由2010年的7.80%下降至2018年的7.53%。三是专利所有权转让及许可收入相关的创新影响效力指标波动较大。2010～2018年，每万名R&D人员全时当量专利所有权转让及许可收入在2010年为1040.80万元，2014年下降至166.02万元，2018年又上升至862.40万元。

与国际领先企业相比，中国"通用设备制造业"的创新实力和创新效力均有待进一步提高。在创新实力方面，从R&D经费内部支出来看，日立集团、三菱电机有限公司、东芝公司、霍尼韦尔国际公司和通用电气公司在2018年的R&D内部支出分别达到了206亿元、131亿元、100亿元、120亿元和322亿元，而2018年中国"通用设备制造业"整个行业的R&D经费内部支出仅为441.81亿元。从专利授权量来看，西门子股份公司和日立集团的发明专利拥有量约2.4万件和3.4万件，2018年中国"通用设备制造业"整个行业的发明专利拥有量为3.39万件[①]。

在创新效力方面，从R&D经费内部支出占主营业务收入比例和单位从业人员利润两个指标来看，中国"通用设备制造业"与国际领先企业相比仍处于较低水平。2018年，日立集团、三菱电机有限公司、东芝公司、霍尼韦尔国际公司和通用电气公司的R&D经费内部支出占主营业务收入比例分别为3.45%、4.96%、4.23%、4.46%和3.40%，远高于中国"通用设备制造业"的R&D经费内部支出占主营业务收入比例（2.09%）。就单位从业人员利润来看，西门子股份公司、日立集团、三菱电机有限公司、东芝公司、霍尼韦尔国际公司和通用电气公司的

---

① 数据来源为企业年报、《财富》中文网及其他公开资料；汇率根据中国人民银行2018年12月公布的数据折算。

单位从业人员利润分别为 11.65 万元/人、7.33 万元/人、11.42 万元/人、37.34 万元/人、47.58 万元/人和 24.07 万元/人，均高于中国"通用设备制造业"的单位从业人员利润（6.07 万元/人）。

中国"通用设备制造业"激励指数有所改善。2010~2018 年，该行业激励指数由 10.25 上升至 20.88，年均增速为 9.29%。其中，2012 年激励指数增长较为明显，同比增长 38.84%，如图 6-28 所示。2010~2018 年，研究开发费用加计扣除减免税由 178 098 万元上升至 350 295 万元，高新技术企业减免税由 309 244 万元上升至 714 191 万元，R&D 经费内部支出中政府资金由 103 894 万元上升至 160 033 万元。2018 年的上述指标分别是 2010 年的 1.97 倍、2.31 倍和 1.54 倍，如图 6-29 所示。具体而言，研究开发费用加计扣除减免税在 2012 年和 2018 年增长较为迅速，同比增长分别为 59.52%、53.83%，高新技术企业减免税在 2011 年增长较为迅速，同比增长 31.40%，R&D 经费内部支出中政府资金在 2012 年增长较为迅速，同比增长 74.51%，如图 6-30 所示。

图 6-28　中国"通用设备制造业"激励指数演进

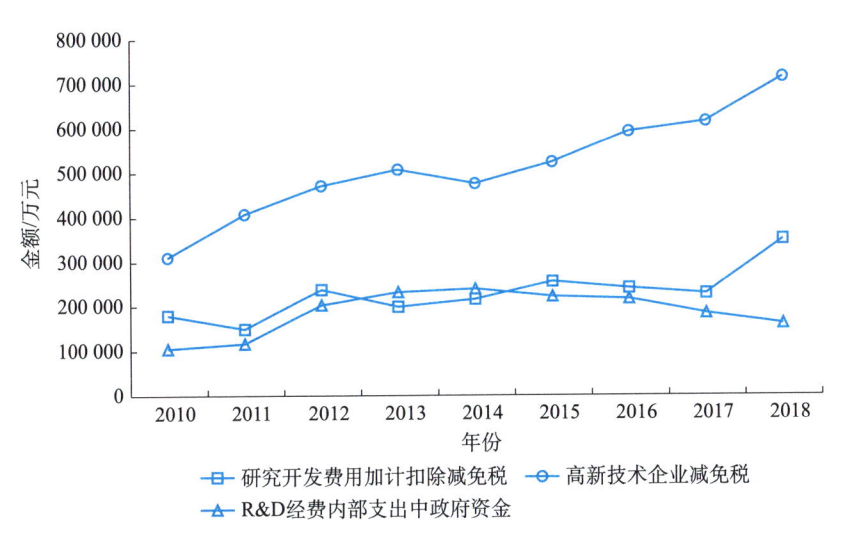

第六章 中国制造业重点行业创新能力和创新激励政策演进 125

图 6-29 中国"通用设备制造业"激励指数具体指标演进

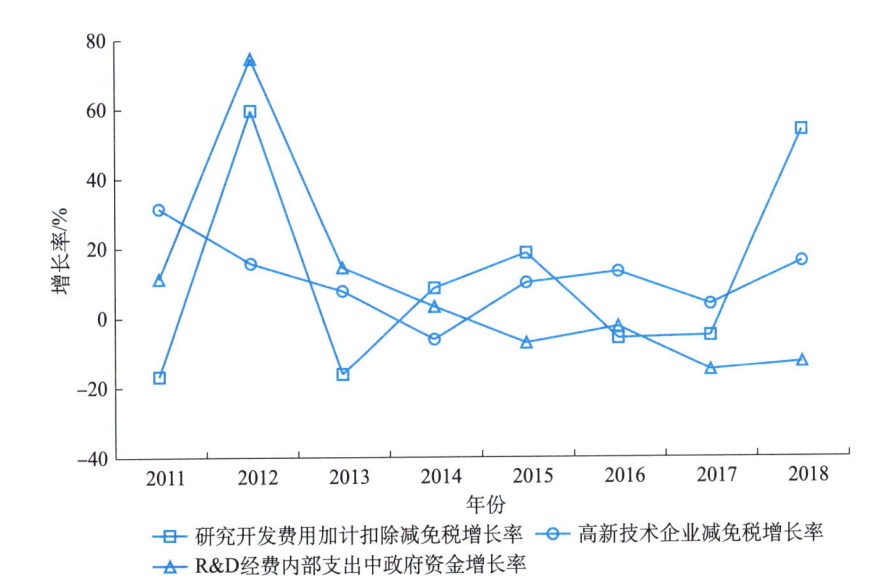

图 6-30 中国"通用设备制造业"激励指数具体指标增长率演进

专栏：杭州制氧机集团有限公司

杭州制氧机集团有限公司（下文简称杭氧）前身是一家军械修理厂，成立于1950年，于2002年完成股份制改革，后经过先后几次转型升级，在国内空分设备设计制造、工程成套和工业气体领域稳坐龙头地位，大型空分设备技术国际领先，销量全球第一。从空分设备生产技术全靠引进到自主开发12万 m^3/h 的特大型空分设备，杭氧的壮大正是一部见证"中国制造"筚路蓝缕、从弱到强的创业史。

"引进—消化—再创新"，追赶超越的不二法门

杭氧空分设备设计制造的起步来源于从苏联引进的空分技术，首任厂长钱祖恩先生带领团队历尽艰辛，于1955年成功研制出第一台3350 m^3/h 等级的国产制氧机[①]，填补了中国空分设备行业的空白。

进入20世纪60年代，由于中苏关系恶化，苏联停止了对中国的技术援助。因此，杭氧进入了自力更生的探索阶段。通过对过去十年技术累积的消化吸收，杭氧实现了3350 m^3/h 等级小型空分设备的自主研发，并专门成立了从事基础性研究的厂办研究所。但由于过分追求自力更生（埋头苦干型消化吸收），杭氧的技术研发一直处于闭门造车的状态，与国际先进技术脱轨。虽然在20世纪70年代"测绘仿制"策略的引导下杭氧重新走上仿制之路（被动依赖型消化吸收），但前十年的"封闭"还是造成了杭氧的研发能力严重不足，设备性能达不到客户要求。

20世纪80年代后，为了弥补技术鸿沟，杭氧不得不重新将实用性技术的二次创新作为研发重点，削减了基础性研究中心的投入比重，合并研发部。趁着改革开放的东风，杭氧开始以"技贸结合"的方式引进德国林德公司的技术，通过主动对外交流、学习等一系列开放集成型消化吸收活动，杭氧的研发能力有了长足进步，成功研发出11 000 m^3/h[②]

[①] 数据来源：杭氧公司调研材料。
[②] 数据来源：杭氧公司调研材料。

等级空分设备。

自此，杭氧的产品创新进入了高产阶段，2002年3万m³/h等级设备国产化，2008年6万m³/h等级设备国产化[①]……但那时6万m³/h等级已是国内空分行业的天花板，很长一段时间内杭氧都徘徊在这个水平无法突破。国外同行制造的8万m³/h等级、10万m³/h等级设备已纷纷投入运行，这使得当时杭氧对神华宁煤十万等级项目的竞标一直久攻不下。

2010年改制上市后，杭氧投入了大量的人力、物力、财力来重建试验中心，完善"产学研"合作模式，加强基础研究。2013年，广西杭氧气体公司投产的8万m³/h等级设备成功出氧，杭氧终于在规模上有了与国际公司同台竞技的资本。同年9月，杭氧自主研发的12万m³/h等级特大型空分设备制造成功。随后，杭氧一举斩获神华宁煤6套10万m³/h等级空分设备从设计到落地运维的全流程合同订单。2018年，神华宁煤的空分设备全部试车成功并投入使用。中国机械工业联合会与中国通用机械工业协会的专家进行了技术水平检测，结果不出意料，杭氧为神华宁煤提供的成套设备在技术上达到国际领先水平。[②]

70多年的不懈努力让杭氧成功完成了从追赶者到超越者的身份转换，跻身"全球空分行业五强"。

制造服务化，转型进入新蓝海

进入21世纪，受到两次经济周期性增长放缓以及后重化工时代的影响，空分设备的需求减少，再加上国内外空分设备市场竞争愈发激烈，杭氧转型势在必行。

2003年，杭氧投资建立了第一家气体子公司，并以此为起点开启了服务化转型升级，加大服务型制造业在杭氧的业务比重，此阶段的服务化发展战略宗旨为"重两头，拓横向，做精品"。"重两头"，即向空分设备产业链上游开发成套工程解决方案，向产业链下游开发工业气体供

[①] 邵永标. 2018. 实践无止境　改革无止境　创新无止境——致敬杭氧改革开放40年. 杭氧科技，145(4): 40-42.
[②] 同①.

应业务;"拓横向",一方面是要辅助成套空分设备业务提供关键配套部机,另一方面要横向发展相关的石化低温产业。

气体行业比较突出的特点是,液体经济运输半径通常不超过250 km,这使得各地的工业气体行业所能辐射的范围都不大,呈现出明显的地方性特点。因此,杭氧服务化转型初始阶段开展了大量的企业并购与资源整合,在短时间内建成了27家气体公司。

以点带面、大量的兼并过程使杭氧在全国范围内搭建起自己的气体供应网络,与各地方厂商的合作也让杭氧快速积累了他们的设备设施和技术能力,为其转型阶段的创新提供了丰富的设备与技术基础。在此基础上,杭氧开始进行气体制备的原始创新,利用新整合的资源,杭氧不仅搭建起气体试验平台,还专门组建了工程公司来设计工业气体工程,并积极与浙江大学、上海交通大学、中国科学院等国内顶尖科研组织开展合作,引进实验室技术,在试验平台上加快各项实验室技术的应用和成果转化,既保证了氧、氩等常规气体的生产,又成功制取出氪、氙、氦等稀有气体。

服务化转型战略的成功实施使杭氧实现了总收入的大幅度增长。根据杭氧2010~2019年财报,2010年,杭氧营业总收入达30.23亿元,其中气体收入为2.58亿元,占总收入的不到10%;5年之后,杭氧营业总收入就翻了一倍,达到59.40亿元,而此时气体收入已占到总收入的51.49%,达到30.58亿元,将近2010年的12倍。此后的5年间,杭氧一直保持着设备制造与气体服务"双引擎"的增长模式。2019年,杭氧营业总收入首次突破80亿元大关,达到81.87亿元,其中气体收入46.64亿元,占比56.97%。

近年来,杭氧一直在加大工业气体产品的研发投入,未来将会为市场提供100种以上气体新产品。另外,由于我国特种气体新兴行业应用仍处于初级阶段,杭氧在完善高端气体粗制、精制业务的同时,将致力于气体零售商业模式创新,在马太效应的作用下,未来有望成为国内工业气体国产化龙头企业。

第六节 医药制造业

中国"医药制造业"创新能力呈现缓慢上升态势。2010~2018年，该行业创新能力指数由12.64提高到17.94，年均增速为4.47%；创新实力指数由6.69提高到11.55，年均增长7.06%；创新效力指数由18.60提高到24.32，年均增长3.41%，如图6-31所示。2018年，该行业R&D人员全时当量为87 199人年，R&D经费内部支出达到449.40亿元，发明专利申请量为6222件，新产品销售收入为5258.11亿元。

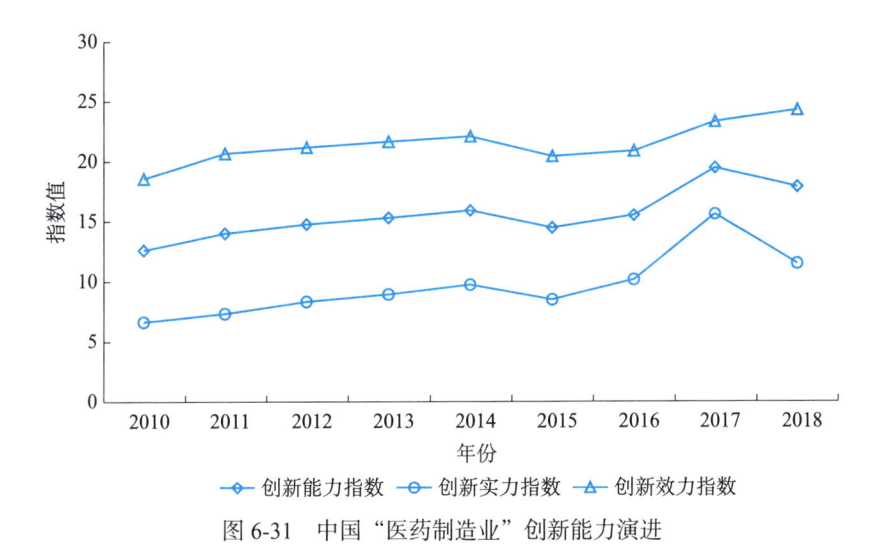

图6-31 中国"医药制造业"创新能力演进

中国"医药制造业"创新实力稳步上升。2010~2018年，其创新投入实力指数、创新条件实力指数、创新产出实力指数的年均增速分别为8.66%、8.58%、7.23%。与之相比，2010~2018年，创新影响实力指数呈现先上升、后快速下降的趋势，年均增速为5.11%，如图6-32所示。在创新投入实力方面，2018年，R&D人员全时当量和R&D经费内部支出分别是2010年的1.58倍和3.66倍。在创新条件实力方面，2010~2018年，企业办研发机构仪器和设备原价由90.28亿元增加到305.46亿元，企业办研发机构数由929个增加到1341个，发明专利拥有量由5672件增加到29 906件，企业办研发机构人员数由59 036人增加到97 344人。在创新产出实力方面，2010~2018年，发明专利申请量由3705件增加到6222件，实用新型和外观设计专利申请量由2062件增加到3639件。在创新影响实力方面，2018年，利润总额达到2459.70亿元，新产品出口达到405.06亿元，新产品销售收入达到5258.11亿元，分别是2010年的2.82倍、2.22倍和3.14倍。

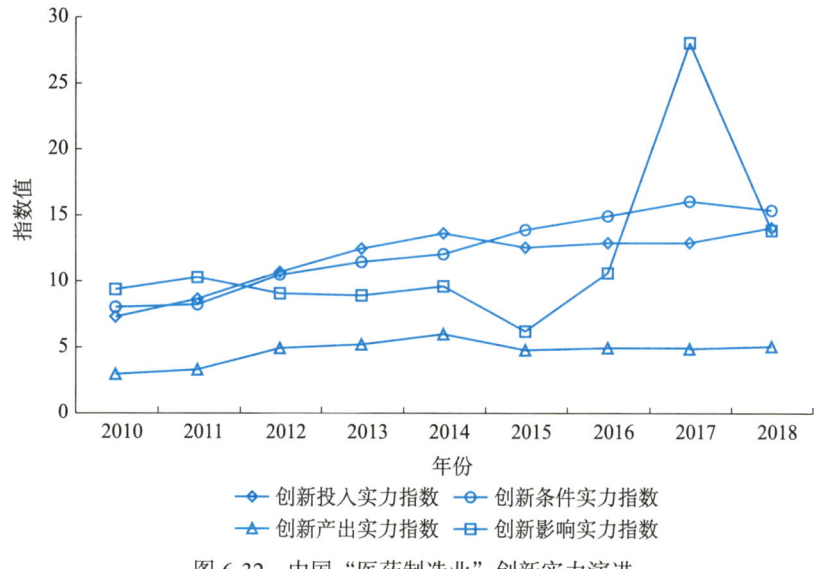

图6-32 中国"医药制造业"创新实力演进

值得关注的是，2010~2018年，中国"医药制造业"在技术消化吸收上的投入不足，消化吸收经费由4.99亿元下降至3.56亿元。此外，该行业专利价值的指标波动较大，专利所有权转让及许可收入

2011年为2.28亿元，2016年下降至1.28亿元，2017再次上升至6.57亿元。

中国"医药制造业"创新效力有较小波动，但总体呈现缓慢上升趋势。2010~2018年，创新投入效力指数、创新条件效力指数和创新影响效力指数的年均增速分别为7.01%、4.80%、4.19%；与之相比，创新产出效力指数呈下降态势，年均增速为-7.37%，如图6-33所示。在创新投入效力方面，2018年，R&D人员全时当量占从业人员比例达到5.79%，R&D经费内部支出占主营业务收入比例达到3.31%，有R&D活动的企业占全部企业比例达到72.57%，分别是2010年的1.77倍、1.82倍和1.20倍。在创新条件效力方面，2010~2018年，单位企业办研发机构人员数对应的企业办研发机构仪器和设备原价由15.29万元/人增加到31.38万元/人，企均有效发明专利数由5.13件增加到18.03件。在创新产出效力方面，2010~2018年，每万名R&D人员全时当量发明专利申请数由670.78件增加到713.54件，每万名R&D人员全时当量实用新型和外观设计专利申请量由373.32件增加到417.32件。在创新影响效力方面，2018年，单位能耗对应的利润总额达到12 526.07万元/万吨标准煤，

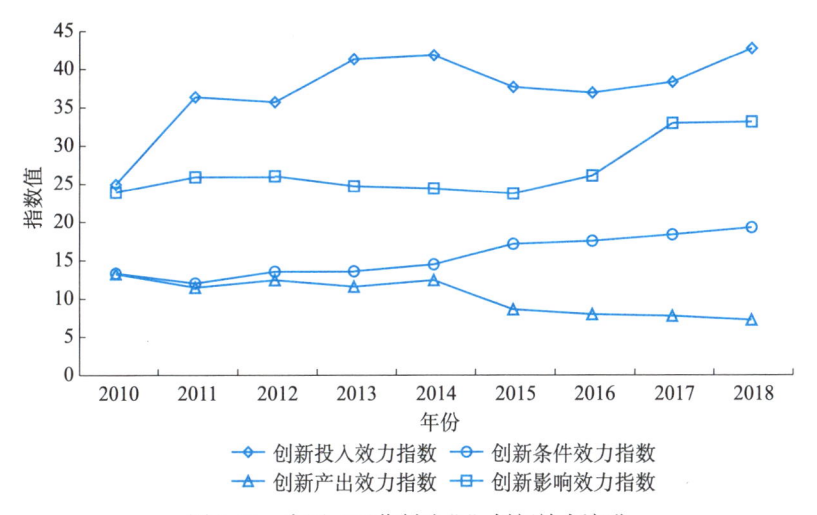

图6-33 中国"医药制造业"创新效力演进

单位从业人员利润达到16.35万元/人，新产品开发支出与新产品销售收入比例达到9.40%，新产品销售收入占主营业务收入比例达到38.69%，分别是2010年的2.05倍、3.15倍、1.20倍和1.56倍。

值得注意的是，中国"医药制造业"部分创新效力指标呈现下降态势。主要原因有以下几方面：一是该行业对技术消化吸收重视不足。2010~2018年，消化吸收经费与技术引进经费比例由103.02%下降至83.47%。二是企业研发能力有待加强。设立研发机构的企业占全部企业的比例由59.86%下降到49.12%。三是部分专利和专利所有权转让及许可收入相关的创新产出和影响效力指标下降明显。2010~2018年，每亿元R&D经费发明专利申请量由30.21件下降至13.85件，每亿元R&D经费实用新型和外观设计专利申请量由16.82件下降至8.10件，每万名R&D人员全时当量专利所有权转让及许可收入由2010年的3852.10万元下降至2018年的2440.02万元。四是新产品出口竞争力有待提升。新产品出口与新产品销售收入比例由2010年的10.90%下降至2018年的7.70%。

与国际领先企业相比，中国"医药制造业"的创新实力还有较大差距。从发明专利申请量来看，2018年，默沙东公司、强生公司的发明专利申请量分别为7135件、12 407件，而中国"医药制造业"整个行业的发明专利申请量为9861件。与国际领先企业相比，中国"医药制造业"的创新实力有待进一步提高。

从创新效力角度而言，中国"医药制造业"在单位从业人员利润和R&D经费内部支出占主营业务收入比例两项指标上与国际领先企业相比差距较大。2018年，世界知名企业诺华集团、默沙东公司、罗氏集团的单位从业人员利润分别为40.76万元/人、22.98万元/人、61.79万元/人，均远高于中国"医药制造业"的单位从业人员利润（16.35万元/人）。就R&D经费内部支出占主营业务收入比例而言，强生公司、辉瑞公司、诺华公司、默沙东公司、罗氏公司分别为14.09%、15.22%、18.15%、24.31%、19.42%，分别为中国"医药制造业"（3.31%）的

4.26 倍、4.60 倍、5.48 倍、7.34 倍、5.87 倍[①]。

中国"医药制造业"激励指数改善较为明显。2010~2018 年，该行业激励指数由 8.70 上升至 28.20，年均增速达到 15.84%。其中，2011 年，激励指数增长较为明显，同比增长 103.07%，如图 6-34 所示。2010~2018 年，研究开发费用加计扣除减免税由 10.08 亿元上升至 39.11 亿元，高新技术企业减免税由 31.96 亿元上升至 111.97 亿元，R&D 经费内部支出中政府资金由 8.91 亿元上升至 17.36 亿元，2018 年的上述指标分别是 2010 年的 3.88 倍、3.50 倍和 1.95 倍，如图 6-35 所示。具体而言，研究开发费用加计扣除减免税在 2016 年和 2018 年增长较为迅速，分别同比增长 43.23% 和 46.12%；高新技术企业减免税在 2011 年增长较为迅速，同比增长 169.16%；R&D 经费内部支出中政府资金在 2012 年增长较为迅速，同比增长 53.47%，如图 6-36 所示。

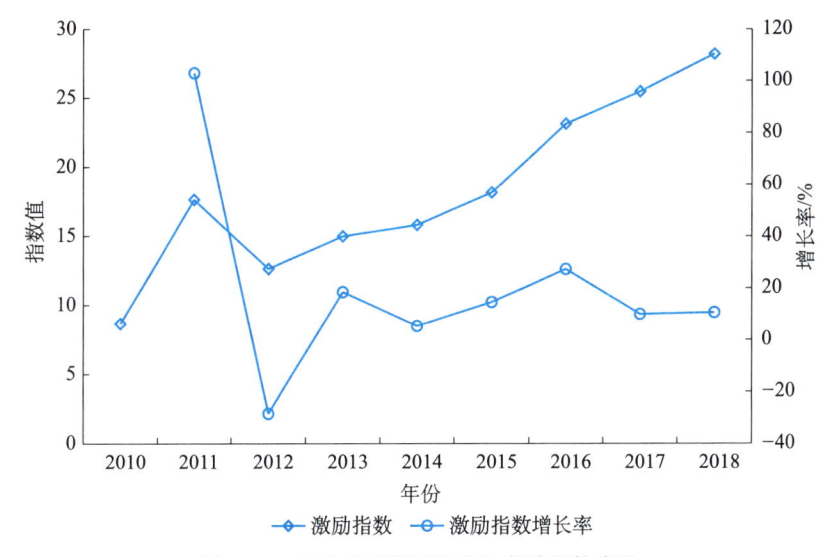

图 6-34 中国"医药制造业"激励指数演进

---

① 数据来源为企业年报、《财富》中文网及其他公开资料；汇率根据中国人民银行 2018 年 12 月公布的数据折算。

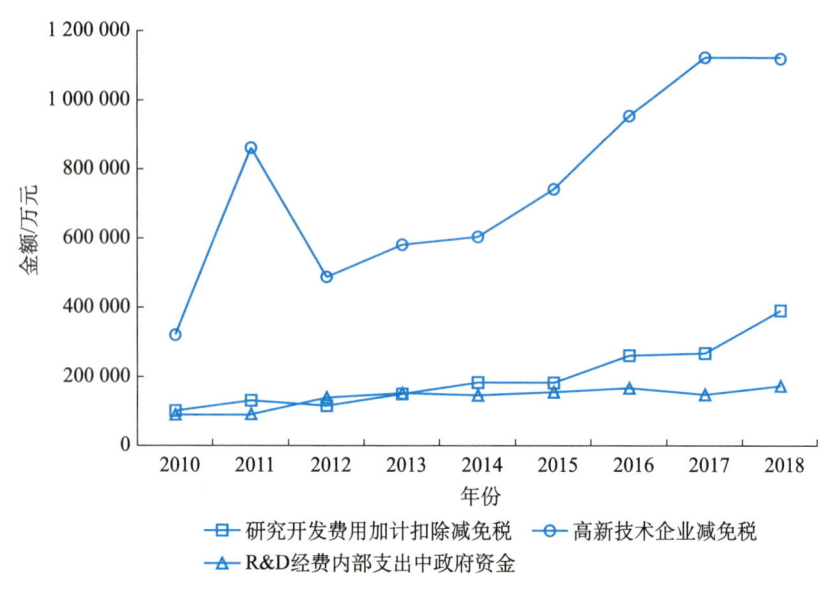

图 6-35 中国"医药制造业"激励指数具体指标演进

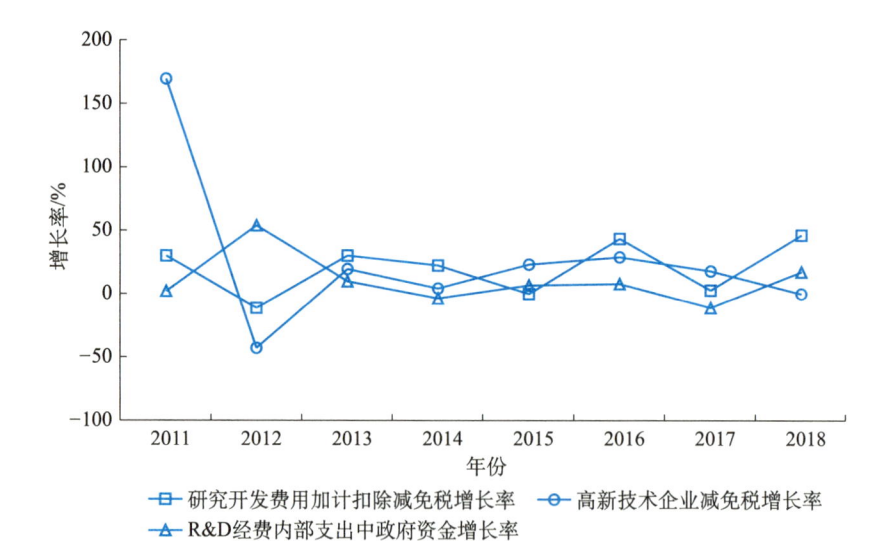

图 6-36 中国"医药制造业"激励指数具体指标增长率演进

专栏：江苏恒瑞医药股份有限公司

1970年，江苏恒瑞医药股份有限公司（下文简称恒瑞医药）成立，于2000年在上海证券交易所挂牌上市。恒瑞医药核心产品为抗癌药及麻醉药等手术用药，其在国内麻醉药市场的占有率居于首位。作为制药行业典型的后发企业，恒瑞医药不断持续构建自主创新能力，连续数年在国内制药行业企业效率排名中跻身前10名。

"模仿—协同—逆向创新"，自主创新高效路径

2001年前，恒瑞医药聚焦模仿创新路径。在购买国外专利和仿制国外重要药品的基础上，企业借助价格优势及营销策略争抢国内市场。生产仿制药极大程度上缩短了企业的技术创新周期，节约了研发资金，降低了创新风险。2000年初，恒瑞医药聚焦抗肿瘤药物领域，成功仿制了多西他赛、奥沙利铂等多个抗肿瘤药。

2001~2005年，恒瑞医药的自主创新路径逐步转变为"协同创新为主，模仿创新为辅"，企业与高校院所、政府、中介机构等多个主体协同创新，推动知识创造、整合和转化，保持了科研能力的先进性。2000年，恒瑞医药在上海建立新药研发中心，并在随后的2001年建立了企业技术创新和博士后科研工作站。博士后科研工作站成立以及与南京高校联合创新实验室的成立，标志着恒瑞医药协同技术创新的开端。此后，恒瑞医药以博士后科研工作站和国家级企业技术中心作为平台，加强与国内外研究院所、发达国家知名企业［美国凯龙星（Chrion）公司、瑞典麦迪维尔（Medivir）公司］的合作，进行协同创新。

2006年开始，恒瑞医药创新路径转向"逆向创新"，标志性事件即美国恒瑞医药组建工作的完成，此时恒瑞医药提出企业制剂国际化战略，国内自主创新产品逐步推向发达国家。自2007年至今，恒瑞医药所获得的国内发明专利数量以及美国食品药品监督管理局（FDA）、欧盟的药典适用性证书（CEP）认证数量连年增加。2011年，伊立替康注射液获准在美国上市；2012年，抗肿瘤药奥沙利铂注射液获准在欧盟上市。在这之后，恒瑞医药又借助多个产品在欧美市场获批销售不断开

拓其国外市场。

"引进来、走出去"，制药竞争力升级加速

基于当前及未来市场环境，恒瑞医药继续布局"引进来、走出去"相结合的发展战略。一方面，大力引进全球发达技术和全球资源；另一方面，积极推进国产药技术水平，将国内自主品牌融入全球市场。

技术创新是医药经济持续增长的引擎，恒瑞医药将创新目光不仅仅聚焦国内研究中心，更是看准海外创新技术，实现"创新引进"。创新药的创新过程漫长且复杂，因此恒瑞医药坚持国际交流合作，为开拓国际化的发展之路积极蓄力。

在人才培养方面，恒瑞医药着力构建创新平台，并通过"筑巢"来"引凤"，引进尖端人才。企业向全球引进创新药方面的专家，并积极参与国内外国际交流协作和医药培训等项目，积极推动企业与全球顶尖医疗机构形成深入、常态化的战略合作伙伴关系。

在研发领域方面，恒瑞医药具有多个研发渠道，包括内部研发中心、国内外高校、国内外科研院所等。恒瑞医药踊跃参加国内外大型学术活动，并独家支持国际"云桌会"，紧跟国际医药行业的研发趋势。这使公司的发展紧随全球医学的发展主流领域，进一步累积新知识和前沿技术。

大力地"引进来"是为了更好地"走出去"。据恒瑞医药2017~2019年的企业年度报告，近几年恒瑞医药的研究投资与主营业务总收入之比都在15%左右，至2019年已投入的研究经费约为39亿元，占总销售收入的比例超过了16.7%。恒瑞医药公司在美国、欧洲、澳洲、韩国等开展了近20项国际临床试验[①]。

从创新药技术授权来看，2020年恒瑞医药与韩国晶体基因组公司（Crystal Genomics Inc.）签署协议，将程序性细胞死亡蛋白-1（PD-1）单克隆抗体项目许可给韩国晶体基因组公司，实现了继Janus激酶1（JAK1）、布鲁顿酪氨酸激酶（BTK）抑制剂许可以来又一次向海外输

---

① 参见：恒瑞医药企业官网"我们的产品"相关内容，https://www.hengrui.com/product/index.html.

出创新药技术。从产品市场来看，截至 2019 年，恒瑞医药已有注射液、口服药物和吸入性麻醉剂等 19 个制剂产品在欧美国家及日本上市[①]。同时，恒瑞医药积极与俄罗斯、捷克等国的知名企业通力合作，共同开东欧医药市场。

"引进来、走出去"战略的有效实施，使得恒瑞医药继续保持良好的自主创新活力，也确保了公司的年度销售收入增速始终保持在 20% 以上的水准。其中，2019 年企业营业收入是 232.89 亿，相较去年同比增加 33.70%[②]；2020 年前三季度主营业务收入是 194.13 亿，相较 2019 年同比增加 14.56%[③]。

第七节　仪器仪表制造业

中国"仪器仪表制造业"创新能力呈现缓慢上升态势。2010~2018 年，中国该行业创新能力指数由 12.81 提高到 17.45，年均增长 3.94%；创新实力指数由 4.41 提高到 6.20，年均增长 4.35%；创新效力指数由 21.21 提高到 28.70，年均增长 3.86%，如图 6-37 所示。2018 年，中国该行业 R&D 人员全时当量为 38 067 人年，R&D 经费内部支出达到 129.71 亿元，发明专利申请量为 4659 件，新产品销售收入为 1299.91 亿元。

---

① 参见：恒瑞医药企业官网"我们的产品"相关内容，https://www.hengrui.com/product/index.html.
② 数据来源：江苏恒瑞医药股份有限公司 2019 年年度报告，http://file.finance.sina.com.cn/211.154.219.97:9494/MRGG/CNSESH_STOCK/2020/2020-3/2020-03-23/5955888.PDF.
③ 数据来源：江苏恒瑞医药股份有限公司 2020 年第三季度报告，http://file.finance.sina.com.cn/211.154.219.97:9494/MRGG/CNSESH_STOCK/2020/2020-10/2020-10-20/6661937.PDF.

图 6-37　中国"仪器仪表制造业"创新能力演进

2010~2018 年，中国"仪器仪表制造业"创新实力指数缓慢上升，这主要得益于该行业创新产出实力指数的提升，其年均增速为 11.38%。与之相比，创新投入实力指数、创新条件实力指数和创新影响实力指数上升幅度较小，年均增速分别为 4.04%、5.63% 和 0.58%，如图 6-38 所示。在创新投入实力方面，2018 年，R&D 人员全时当量和 R&D 经费内部支出分别是 2010 年的 1.17 倍和 2.26 倍。在创新条件实力方面，2010~2018 年，企业办研发机构仪器和设备原价由 31.77 亿元增加到 82.09 亿元，企业办研发机构数由 476 个增加到 570 个，发明专利拥有量由 2749 件增加到 13 037 件，企业办研发机构人员数由 34 895 人增加到 46 741 人。在创新产出实力方面，2010~2018 年，发明专利申请量由 1485 件增加到 4659 件，实用新型和外观设计专利申请量由 3646 件增加到 6859 件。在创新影响实力方面，2018 年，利润总额达到 489.40 亿元，新产品销售收入达到 1299.91 亿元，分别是 2010 年的 1.53 倍和 1.36 倍。

值得关注的是，2010~2018 年，中国"仪器仪表制造业"在技术消化吸收上的投入不足，消化吸收经费由 1.34 亿元下降至 0.76 亿元。

新产品出口下降明显，由 344.77 亿元下降至 215.19 亿元。此外，中国该行业的专利价值变化有所下降，专利所有权转让及许可收入由 2011 年的 856 万元下降至 2017 年的 662 万元。

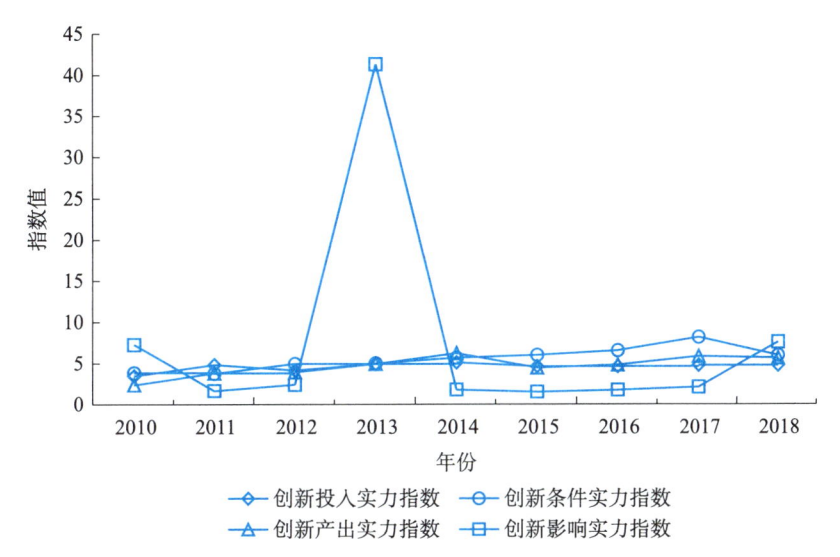

图 6-38　中国"仪器仪表制造业"创新实力演进

2010~2018 年，中国"仪器仪表制造业"创新效力指数整体缓慢上升，这主要得益于创新条件效力指数和创新产出效力指数的提升。2010~2018 年，中国该行业创新条件效力指数和创新产出效力指数的年均增速分别为 6.97% 和 6.19%。创新投入效力指数和创新影响效力指数增长缓慢，年均增速分别为 3.93% 和 1.74%，如图 6-39 所示。在创新投入效力方面，2018 年，R&D 人员全时当量占从业人员比例达到 5.44%，R&D 经费内部支出占主营业务收入比例达到 2.76%，有 R&D 活动的企业占全部企业比例达到 67.33%，分别是 2010 年的 1.20 倍、1.83 倍和 1.32 倍。在创新条件效力方面，2010~2018 年，单位企业办研发机构数对应的企业办研发机构仪器和设备原价由 667.45 万元/个增加到 1440.09 万元/个，单位企业办研发机构人员数对应的企业办研发机构仪器和设备原价由 9.10 万元/人增加到 17.56 万元/人，企均有效发明专利数由 3.82 件增加到 17.38 件，设立研发机构的企业占全部企业的比例由 47.71% 增加到 55.22%。在创新产出效力方面，2010~2018 年，每万名 R&D 人员全时当量发明专利申请数由 455.83 件增加到 1223.89 件，每亿元 R&D 经费发明专利申请量由 25.88 件增加到 35.92 件。在创新影响效力方面，2018 年，单位能耗对应的利润总额达到 15 323.05 万元/万吨标准煤，单位从业人员利润达到 6.99 万元/人，新产品开发支出与新产品销售收入比例达到 11.80%，新产品销售收入占主营业务收入比例达到 27.66%，分别是 2010 年的 1.66 倍、1.58 倍、1.44 倍和 1.11 倍。

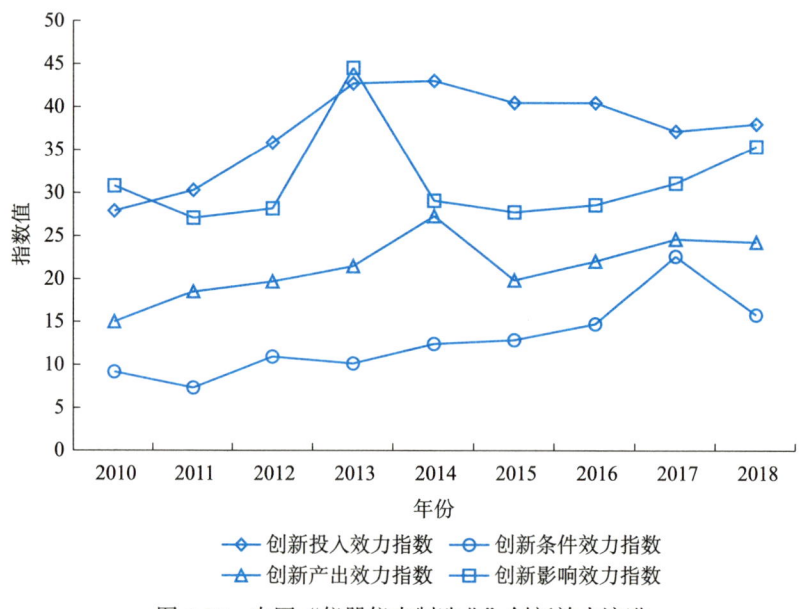

图 6-39 中国"仪器仪表制造业"创新效力演进

值得注意的是，2010~2018 年，中国"仪器仪表制造业"部分创新效力指标呈现下降态势。主要原因有以下几方面。一是部分专利和专利所有权转让及许可收入相关的创新产出和影响效力指标下降明显。2010~2018 年，每亿元 R&D 经费实用新型和外观设计专利申请量由 63.54 件下降至 52.88 件，每万名 R&D 人员全时当量专利所有权转让及许可收入由 5753.79 万元下降至 4924.13 万元。二是新产品出口竞争力有待提升。新产品出口与新产品销售收入比例由 2010 年的 36.16%

下降至2018年的16.55%。

与国际领先企业相比，中国"仪器仪表制造业"的创新实力和创新效力尚存在一定差距。在创新实力方面，从R&D经费内部支出来看，赛默飞世尔科技公司、岛津公司、安捷伦科技有限公司和丹纳赫集团在2018年的R&D经费内部支出分别为63.99亿元、9.94亿元、25.48亿元和81.47亿元；中国"仪器仪表制造业"在2018年的R&D经费内部支出为129.71亿元，低于赛默飞世尔科技公司和丹纳赫集团两个企业之和。从发明专利拥有量来看，岛津公司2018年发明专利拥有量6755件；中国"仪器仪表制造业"2018年发明专利拥有量为13 037件，仅为岛津公司的两倍左右。

在创新效力方面，从R&D经费内部支出占主营业务收入比例和单位从业人员利润两个指标来看，中国"仪器仪表制造业"与国际领先企业相比仍处于较低水平。2018年，赛默飞世尔科技公司、岛津公司、安捷伦科技有限公司、丹纳赫集团的R&D经费支出占主营业务收入比例分别为3.97%、4.24%、7.83%、1.73%，除丹纳赫集团外，均高于中国"仪器仪表制造业"的R&D经费内部支出占主营业务收入比例（2.76%）。就单位从业人员利润来看，2018年，赛默飞世尔科技公司、岛津公司、安捷伦科技有限公司和丹纳赫集团的单位从业人员利润分别为28.78万元/人、14.76万元/人、17.21万元/人和24.71万元/人，均显著高于中国"仪器仪表制造业"的单位从业人员利润（6.99万元/人）[①]。

2010~2018年，中国"仪器仪表制造业"激励指数增速较快，由2.83上升至6.97，年均增速为11.90%。其中，2011年和2013年激励指数增长较为明显，分别同比增长41.86%和56.13%，如图6-40所示。2010~2018年，研究开发费用加计扣除减免税由38 624万元上升至120 081万元，高新技术企业减免税由77 167万元上升至184 838万元，R&D经费内部支出中政府资金由44 381万元上升至89 745万元，2018年的上述指标分别是2010年的3.11倍、2.40倍和2.02倍，如

---

① 数据来源为企业年报、《财富》中文网及其他公开资料；汇率根据中国人民银行2018年12月公布的数据折算。

图 6-41 所示。具体而言，研究开发费用加计扣除减免税在 2013 年增长较为迅速，同比增长 104.12%；高新技术企业减免税在 2011 年增长较为迅速，同比增长 92.61%；R&D 经费内部支出中政府资金在 2013 年、2015 年和 2018 年增长较为迅速，同比增长 50.71%、49.12% 和 44.63%，如图 6-42 所示。

图 6-40 中国"仪器仪表制造业"激励指数演进

图 6-41 中国"仪器仪表制造业"激励指数具体指标演进

图 6-42 中国"仪器仪表制造业"激励指数具体指标增长率演进

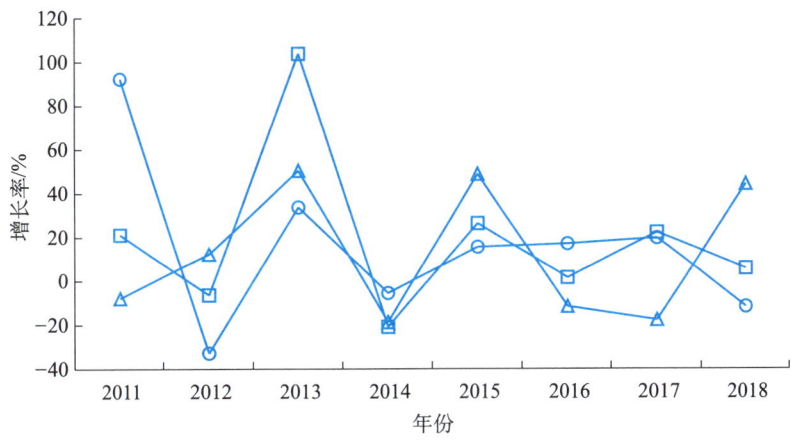

专栏：聚光科技（杭州）股份有限公司

2002 年 1 月，聚光科技（杭州）股份有限公司（下文简称聚光科技）在浙江省杭州市成立，公司深耕环境与安全检测分析仪器领域多年，致力于打造世界一流的研发、营销、应用队伍和供应链服务，专注于各类分析检测技术的研发和应用，为全世界客户提供符合需求的高品质分析测量仪器以及一体化的高科技平台系统。聚光科技以为客户打造一套涵盖衣食住行、工业安全、公共安全等领域的数据分析、信息检测及智能化、数字化系统为己任。作为业内的"领头羊"，公司的主要产品深入国内市场，并远销美国、日本、英国、俄罗斯等多个国家。公司还拥有全球最多的相关产品专利，曾荣获国家科技进步奖二等奖等多项奖项，还参与制定了多项国家标准和国际标准。目前，聚光科技已成为我国环境与安全检测分析仪器领域一个较为关键的科研创新基地。

创新三利器：研发团队组建、校企联合、科研合作

早在创建初期，聚光科技就开始自建研发队伍，是国内第一家在高端分析仪器行业建立起成规模科研队伍的企业。一个小企业，想要集中各方面的人才一起协同来开发产品困难重重。聚光科技克服困难，广纳贤士，将不同专业、不同领域的科研人才收入麾下。这些人才中既有知识渊博、在业内深耕多年的专家学者，具有海外留学经历的归国人士，潜心钻研光电应用领域的技术骨干，也有一批年轻的、充满激情的、具备创新潜力的高学历人才。公司逐步组建、培养了一支结构配备合理、专业领域齐全、相互配合默契、创新能力极强的研发队伍。2009年，聚光科技研发团队入选"浙江省首批重点企业创新团队"，企业技术中心也被认定为"国家级企业技术中心"。截至2020年，聚光科技的研发团队已经吸纳了逾千名科研人员[1]。

聚光科技与杭州电子科技大学开展了紧密的校企合作，聚光科技董事长王健受聘担任杭州电子科技大学光电子科学与技术学科领导职务，杭州电子科技大学的本科生、硕士生可在聚光科技进行实习活动并开展一定的科研工作。通过在公司的实际操作，学生们将课本知识、科研发现与具体实践有效结合，不仅巩固了对理论知识的印象，还提升了实践操作能力。这也为聚光科技培养了一支具有较强创新思维和实践能力的高水平科研人员队伍。

与此同时，聚光科技积极谋求与各类机构的战略合作，与不少海内外科研单位、具备一定核心科技的企业达成科研协作协议，参与"国家重点研发计划"、"国家重点研发计划"、国家863计划重点项目等国家级研究项目多项[2]。聚光科技率先发起并组建了"浙江省环境与安全检测技术重点实验室"，同时引入在工业自动化领域研究实力超群的浙江大学和杭州电子科技大学作为协同创新合作者。此外，公司还邀请了多位院士担任技术顾问，分析领域核心技术发展方向。同时，公司与国内外诸多著名高校、科研院所（如斯坦福大学、加州大学伯克利分校、浙江

---

[1] 数据来源：聚光科技官网，https://www.fpi-inc.com/about.html。
[2] 数据来源：聚光科技官网，https://www.fpi-inc.com/about.html。

大学、中国科学院、清华大学等）建立了良好的合作关系。

自主研发 + 兼并收购："舰队群"发展战略

为打造中国高端仪器的自主品牌，聚光科技重点实施"舰队群"发展战略。"舰队群"发展战略的提出一方面是出于风险防范的考量，另一方面则是行业特性决定的。中国仪器仪表产业虽然整体上有数千亿元的市场，然而细分市场却狭窄且互相独立，技术集成度和研发门槛又很高，如果想快速实现企业规模的增长，单靠公司独立研发技术和拓展市场，基本上是不可能的。因此，聚光科技要做"整合者"，通过整合资源给行业注入新的生机。

在过去近20年的时间里，聚光科技成功完成了11次并购整合，实力不断增强。2007年，聚光科技完成了3次并购工作：聚光科技首先兼并了北京摩威泰迪科技有限公司，以该公司为切入口，进军石油化工过程分析市场；为了在近红外分析领域站稳脚跟，聚光科技又与北京英贤仪器有限公司达成收购协议，推出近红外光谱（NIR）等产品开拓市场；为了拓展了公司在金属分析领域的研究与应用，聚光科技兼并了北京盈安科技有限公司。2008年，聚光科技收购了杭州长聚科技公司。2009年，为了补齐环境检测产品线，聚光科技将杭州大地安科环境仪器有限公司纳入麾下，此次收购的完成，标志着聚光科技的产品线齐全程度达到国内第一。2012年，聚光科技并购荷兰Synspec公司，迈出了对聚光科技，甚至对产业都有战略意义的一步。2013年，聚光科技并购深圳市东深电子股份有限公司，开展水利自动化、信息化业务。2015年，聚光科技并购重庆三峡环保(集团)有限公司，布局环境治理产业链。2015年，聚光科技与上海安谱实验科技股份有限公司达成并购协议，完善实验室业务产业链。

在自主研发方面，相比同业，聚光科技注重科研创新，每年投入的研发支出在营业收入的10%左右，自2002年公司创立以来，花费的研发支出接近20亿元。根据聚光科技2019年年度报告和企业官网信息，截至2019年底，聚光科技共取得专利500余项，计算机软件著作权600

余项，主导制定了 70 多项国内、国际标准①。此外，还有一部分曾获得 2 项国家科学技术进步奖二等奖，1 项中国专利金奖的科研项目是由聚光科技牵头并主导进行的。

2019 年，聚光科技 2 项科技部国家重大科学仪器设备开发专项的项目通过综合验收，获得了 1 个新项目立项，实现了 1 个创新研发中心的落地；连续 5 年入选"福布斯中国潜力企业"，2019 年更是进入了"中国专利 500 强"榜单。聚光科技成立至今，已经掌握了质谱、光谱、色谱、湿法化学分析等 20 余项技术平台，产品线丰富度远超国内同业，旗下产品已被广泛应用于环保、水利、实验室等 30 多个细分领域。工业过程分析业务已涉及石油化工、能源科学、材料工程、核工业等领域，目前计划拓展半导体、食饮领域。同时，生物学、医学也是公司亟待进军的两大行业。

第八节　化学原料和化学制品制造业

中国"化学原料和化学制品制造业"创新能力呈现平稳上升态势。2010～2018 年，中国该行业创新能力指数由 11.52 提高到 15.66，年均增速达到 3.91%；创新实力指数由 10.17 提高到 14.92，年均增长 4.91%；创新效力指数由 12.87 提高到 16.39，年均增长 3.07%，如图 6-43 所示。2018 年，中国该行业 R&D 人员全时当量为 89 904 人年，R&D 经费内部支出达到 558.83 亿元，发明专利申请量为 8895 件，新产品销售收入为 8320.63 亿元。

---

① 参见：聚光科技（杭州）股份有限公司 2019 年年度报，http://file.finance.sina.com.cn/211.154.219.97:9494/MRGG/CNSESZ_STOCK/2020/2020-4/2020-04-29/6194119.PDF.

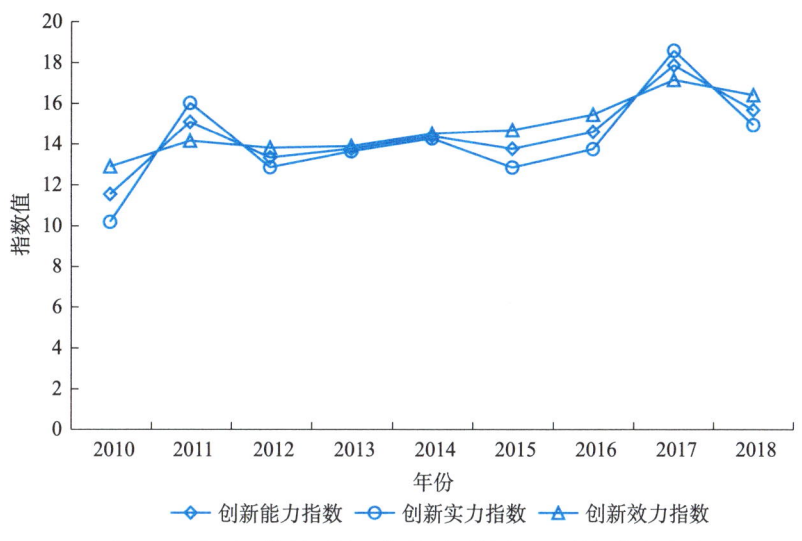

图 6-43　中国"化学原料和化学制品制造业"创新能力演进

2010~2018 年，中国"化学原料和化学制品制造业"创新实力指数上升速度较快，主要得益于该行业创新产出实力指数的大幅度提升，年均增速为 14.01%。与之相比，创新投入实力指数、创新条件实力指数和创新影响实力指数上升幅度略小，年均增速分别为 2.58%、5.11% 和 3.67%，如图 6-44 所示。在创新投入实力方面，2018 年，R&D 人员全时当量和 R&D 经费内部支出分别是 2010 年的 1.16 倍和 2.26 倍。在创新条件实力方面，2010~2018 年，企业办研发机构仪器和设备原价由 132.80 亿元增加到 298.52 亿元，企业办研发机构数由 1297 个增加到 1629 个，发明专利拥有量由 4678 件增加到 26 377 件，企业办研发机构人员数由 81 338 人增加到 87 157 人。在创新产出实力方面，2010~2018 年，发明专利申请量由 2902 件增加到 8895 件，实用新型和外观设计专利申请量由 2841 件增加到 6776 件。在创新影响实力方面，2018 年，利润总额达到 3233.80 亿元，新产品出口达到 909.91 亿元，新产品销售收入达到 8320.63 亿元，分别是 2010 年的 1.81 倍、2.57 倍和 2.46 倍。

值得关注的是，2010~2018 年，中国"化学原料和化学制品制造业"在技术消化吸收上的投入不足，消化吸收经费由10.80亿元下降至1.05亿元。此外，中国该行业的专利价值有待提升。专利所有权转让及许可收入由2011年的74 969万元下降至2017年的58 878万元，下降幅度明显。

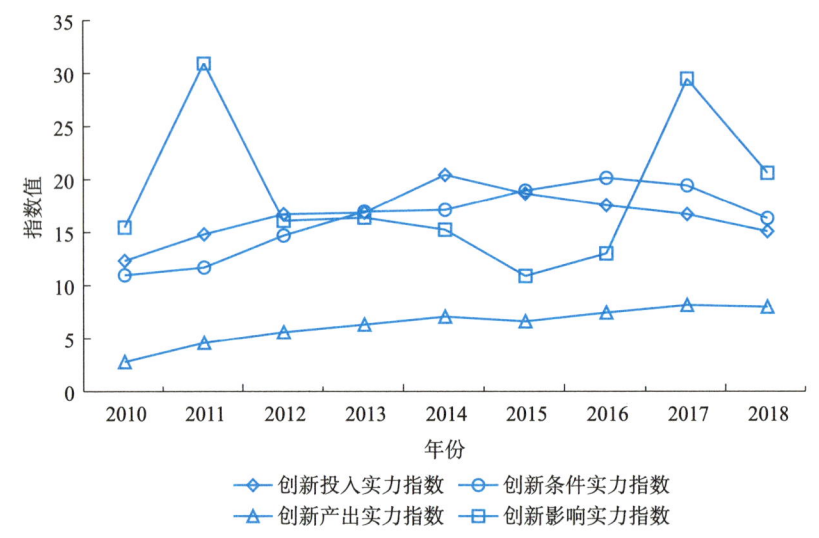

图6-44 中国"化学原料和化学制品制造业"创新实力演进

2010~2018年，中国"化学原料和化学制品制造业"创新效力增长较为缓慢。其中，创新产出效力指数增长速度较高，年均增速为11.57%。与之相比，创新投入效力指数、创新条件效力指数和创新影响效力指数的年均增速较慢，分别为1.29%、6.34%和0.02%，如图6-45所示。在创新投入效力方面，2018年，R&D人员全时当量占从业人员比例达到3.35%，R&D经费内部支出占主营业务收入比例达到1.39%，有R&D活动的企业占全部企业比例达到49.88%，分别是2010年的1.02倍、1.37倍和1.28倍。在创新条件效力方面，2010~2018年，单位企业办研发机构人员数对应的企业办研发机构仪器和设备原价由16.33万元/人增加到34.25万元/人，企均有效发明专利数由1.97件增加到8.92件，设立研发机构的企业占全部企业的比例由39.97%下降到39.84%。在创新产出效力方面，2010~2018年，每万名R&D

人员全时当量发明专利申请数由 375.80 件增加到 989.39 件，每万名 R&D 人员全时当量实用新型和外观设计专利申请量由 367.91 件增加到 753.69 件。在创新影响效力方面，2018 年，单位能耗对应的利润总额达到 761.45 万元 / 万吨标准煤，单位从业人员利润达到 12.06 万元 / 人，新产品开发支出与新产品销售收入比例达到 5.50%，新产品销售收入占主营业务收入比例达到 20.69%，分别是 2010 年的 1.26 倍、1.58 倍、0.76 倍和 1.49 倍。

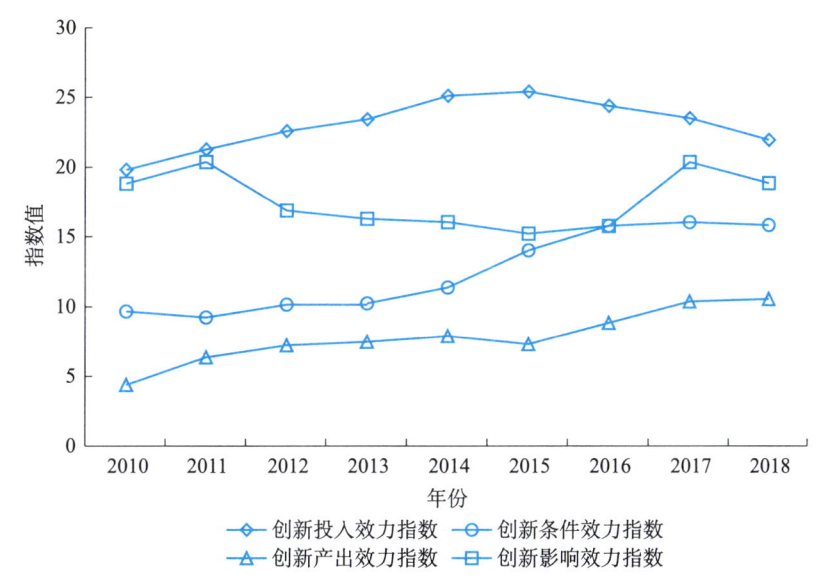

图 6-45　中国"化学原料和化学制品制造业"创新效力演进

值得注意的是，2010~2018 年，中国"化学原料和化学制品制造业"部分创新效力指标呈现下降态势，主要体现在创新影响效力方面。一是新产品开发投入不足。新产品开发支出与新产品销售收入比例由 2010 年的 7.27% 下降到 2018 年的 5.50%。二是专利所有权转让及许可收入相关的影响效力指标下降明显。2010~2018 年，每万名 R&D 人员全时当量专利所有权转让及许可收入由 4251.01 万元下降至 3651.31 万元。

与国际领先企业相比，中国"化学原料和化学制品制造业"的创新实力指标表现不一。从 R&D 经费内部支出来看，2018 年，巴斯夫公司、利安德巴塞尔工业公司、三菱化学控股株式会社和明尼苏达矿业制造公司（3M公司）的R&D经费内部支出分别为168.38亿元、7.61亿元、86.10亿元和120.50亿元，均不及中国"化学原料和化学制品制造业"的R&D经费内部支出（558.83亿元）。从发明专利拥有量来看，据企业年报，截至2018年，利安德巴塞尔工业公司共拥有5770项专利和专利申请，沙特基础工业公司则拥有专利11 738项。2018年中国"化学原料和化学制品制造业"整个行业的发明专利拥有量为26 377项，只为沙特基础工业公司的两倍多。中国"化学原料和化学制品制造业"的部分创新实力指标有待进一步提高。

从创新效力角度而言，中国"化学原料和化学制品制造业"在单位从业人员利润和R&D经费内部支出占主营业务收入比例两项指标上，与国际领先企业相比差距较大。2018年，世界知名企业巴斯夫公司、沙特基础工业公司、利安德巴塞尔工业公司、三菱化学控股株式会社、3M公司的单位从业人员利润分别为38.08万元/人、193.44万元/人、233.63万元/人、23.94万元/人、49.53万元/人，均远高于中国"化学原料和化学制品制造业"的单位从业人员利润（12.06万元/人）。就R&D经费内部支出占主营业务收入比例而言，巴斯夫公司、利安德巴塞尔工业公司、三菱化学控股株式会社、3M公司分别为3.58%、0.29%、3.67%、5.56%，分别为中国"化学原料和化学制品制造业"（1.13%）的3.17倍、0.26倍、3.24倍、4.92倍，除利安德巴塞尔工业公司外，均远高于中国"化学原料和化学制品制造业"[①]。

2010~2018年，中国"化学原料和化学制品制造业"激励指数提升较为明显，由6.26上升至19.87，年均增速达到15.52%。其中，2011年，激励指数增长较为明显，同比增长35.46%，如图6-46所示。2010~2018年，研究开发费用加计扣除减免税由68 254万元上升至302 447万元，高新技术企业减免税由204 675万元上升至736 362万元，R&D经费内部支出中政府资金由86 155万元上升至136 096万元，

---

① 数据来源为企业年报、《财富》中文网及其他公开资料；汇率根据中国人民银行2018年12月公布的数据折算。

2018年的上述指标分别是2010年的4.43倍、3.60倍和1.58倍，如图6-47所示。具体而言，研究开发费用加计扣除减免税在2011年增长较为迅速，同比增长58.99%；高新技术企业减免税在2011年、2014年增长较为迅速，分别同比增长38.79%、37.07%；R&D经费内部支出中政府资金在2018年增长较为迅速，同比增长44.30%，如图6-48所示。

图6-46　中国"化学原料和化学制品制造业"激励指数演进

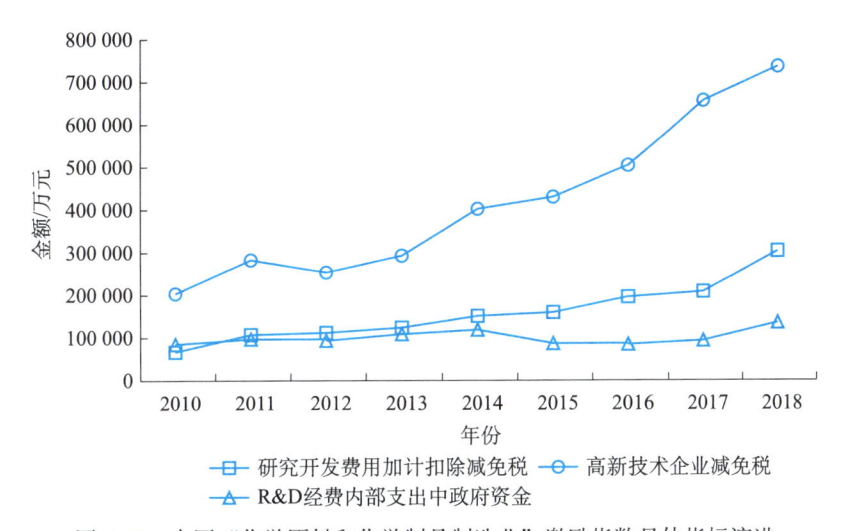

图6-47　中国"化学原料和化学制品制造业"激励指数具体指标演进

图 6-48 中国"化学原料和化学制品制造业"激励指数具体指标增长率演进

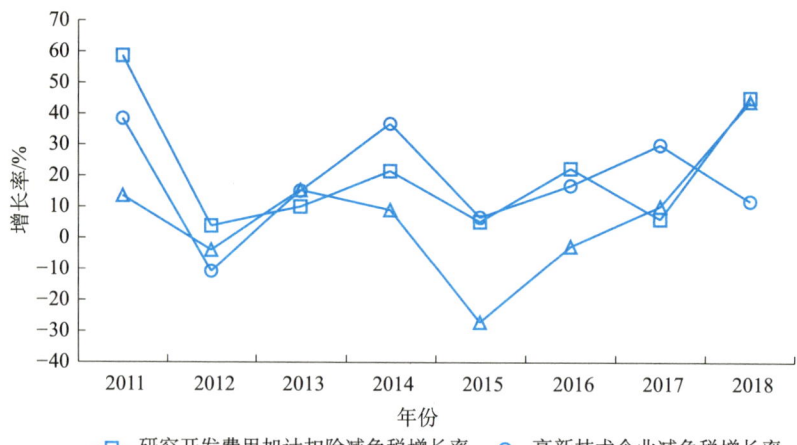

专栏：万华化学集团股份有限公司

万华化学集团股份有限公司（下文简称万华化学），成立于1998年，前身为烟台万华聚氨酯股份有限公司。作为一个国际化经营的化工新材料企业，万华化学现已初步打造了聚氨酯、石油化工、新兴材料、精细化学品四大产业集群，并在科技创新为第一核心竞争力的理念指导下，发展为中国国内唯一一家拥有全系列异氰酸酯生产技术自主知识产权的企业。凭借先进核心技术、产业化设施和高效运作的商业模式，万华化学在生活家居、护理医疗、绿色能源等产业领域创造了具有极强商业竞争力的产品和综合解决方案。

自主创新成就民族辉煌

从发展之初，面对来自国外的技术封锁，万华化学就勇于冲锋在前，不断开拓创新，走出了技术引入、消化、再吸收创新的时代，走上了自主创新的伟大道路，实现了从"跟跑者"到"领跑者"的历史性转变。

1978年，为了解决中国10亿民众的制鞋问题，中国从日本引入了年产1万吨的二苯基甲烷二异氰酸酯（MDI）间歇生产线[1]，而后烟台合成革厂（万华化学前身）作为国家重点工程宣布建立。MDI是制造聚氨酯的主要原材料，聚氨酯兼有塑料与橡胶的性能优势，可应用于建材、纺织等众多领域。从日本引进的生产线因为设备结构问题，难以平稳运行，长时间无法达到设计生产能力的产量。但伴随着经济的迅速发展，中国市场上对MDI的需求却在急剧上涨，到了20世纪80年代后期，市场上MDI的年需求量就已超过2万吨[2]。万华化学本想采取继续向日本、欧洲和美国引进新技术的方式解决供需不平衡的困境，但面对国际的技术封锁，自主创新成为了唯一的选择。

通过与国内相关高校在生产科研领域的合作，1994年万华化学的生产产值就达到了万吨级的设计产能；1997年，万华化学实现了年产能2万吨。在对主要工艺进行研发突破、对主要工业反应流程的进行优化后，1999年万华化学年产能达到4万吨。至此，万华化学拥有了具有自主知识产权的MDI制备核心技术，产品质量基本达到国际先进水平[3]。2004年，万华化学成功开发出16万吨/年的MDI制造技术软件包，取得了8项发明专利授权，公司开始了飞速发展[4]。目前万华化学的光气化反应技术已达到国际先进的生产、质量和能源消耗水平。在研的7代MDI制造技术单套可以达150万吨[5]。

万华化学坎坷而崎岖的发展道路是一条持续开拓创新的道路。万华化学始终秉持着自主创新的原则，坚持科技创新为第一核心竞争力，并不断打磨自己的核心竞争优势，经过多年努力，才得以突破40余年来外国跨国公司对MDI技术的管控，使我国成为全球第四个拥有大规模MDI技术自主知识产权的国家。

---

[1] 申亚楠，郭春明. 企业持续技术创新能力形成机制研究——基于万华化学的案例分析. 经济问题，2016,(4):90-95.
[2] 万华化学：创新推动高质量发展. http://www.biochemsafebuy.com/m/article/101659.
[3] 万华化学：创新推动高质量发展. http://www.biochemsafebuy.com/m/article/101659.
[4] 同[1].
[5] 数据来源：新浪财经 http://stock.finance.sina.com.cn/stock/go.php/vReport_Show/kind/lastest/rptid/635893332383/index.phtml.

特色数字化建设助力全球化布局

2011年，万华化学借助其旗下海外公司收购了匈牙利最大的化学工业企业 BorsodChem 公司 96% 的股份，从而建立了自己的第一个海外生产基地，成为仅次于拜尔公司和巴斯夫公司的世界第三大 MDI 供应商，公司国际化经营也由此拉开了帷幕[1]。

2013年，万华化学于提出要从"中国万华"向"全球万华"转变，企业全球化的进程明显加快。2017年万华化学宣布在美国路易斯安那州建设化工厂，这标志着万华化学的国际化走上了新的阶梯[2]。截至2018年底，万华化学已在欧美等十多个国家和地区拥有公司和办事机构，在世界各地的雇员接近11 000人（包括 BorsodChem 公司），其中近1/3是外籍人员[3]。

事实上，近年来万华化学的迅猛发展，不仅得益于其对自主创新的不懈追求，也得益于其高度重视信息化的战略思想。早在2008年，万华化学就着手构建企业内部竞争力，明确提出了构建"数字万华"的信息化管理体系建设总体目标，并明确提出了企业信息化管理工作思路，即通过信息化与工业化的深度融合，帮助企业不断创新商业模式，增强战略执行力，促进企业管理改革。行动上，万华化学提出了战略管控规划，并相继开展了企业资源规划（ERP）、客户关系管理（CRM）、办公自动化（OA）、商业智能（BI）等一系列信息化建设，促进信息集成，实现卓越运营。

而万华化学在早期打下的信息化基础经过逐步发展，在后续业务全球化的过程中，很好地满足了多重管理矛盾解决与业务需求，并有力地支撑了全球化布局。来自不同行业细分领域、地区和国家的企业管理水平不一致，整体管控有很大难度。化工行业本身的行业特点也会对整体管理产生影响，除去化工行业典型的流程生产之外，一些业务单元还同时具有流程和离散模式。管理体系一方面要针对不同业务进行功能

---

[1] 烟台万华实业收购匈牙利BC公司案例. http://finance.china.com.cn/stock/ssgs/20121019/1080493.shtml.
[2] 万华化学：玩转数字化"魔法". https://www.sohu.com/a/164600280_505781.
[3] 万华化学. https://www.hljbys.org.cn/teachin/view/id/322/mark/dqpi.

部署实现管理，另一方面需要符合行业的特征和具体要求，在生产过程的控制、规划、数据采集、安全管理等维度都提供有效有力的数字化支持。最终，万华化工打破了"只选择擅长流程行业解决方案的服务提供商"的固定思维，选择了匹配适用的 GEMES 平台［通用电气智能设备有限公司（GE）制造执行智能平台］，且在海内外事业部统一部署使用了 GEMES 平台。

此外，万华化学采用业务作为 IT 部门的组织架构划分依据，加强了与业务部门的沟通协作，使得业务与 IT 语言完美对接。万华化学独有的一对一服务模式，也让服务需求转化得更快更准确。

万华化学通过多年不断的探索，清楚地认识到，唯有充分利用数字工具和技术，充分利用信息媒体，才能更高效地处理协作、效率和管控等问题。当前，万华化学已形成了一条新的数字化建设路径和一套具有万华化学特色的数字化规则。万华化学凭借其以制造执行系统（MES）为核心的智能制造平台、基于 ERP 的业务管理平台、集成微信电子商务等新技术的供应链协同平台等完善的数字化建设平台，已经陆续实现了数百个信息化工程项目，以帮助企业提高公司的管理水平。信息化是万华化学实现全球化的基础，依托数字建设，万华化学的一体化平台已为其全球化发展深度赋能。

双模 IT 实现数字化转型升级

随着万华化学国际化布局和产业链的融合，公司管理的难度在不断增加，业务的高速发展对 IT 系统也提出了更高的要求，集团开始面临新的挑战。

万华化学本身属于传统的制造业，其信息化建设采取了大量像 ERP、MES、业务流程管理（BPM）等的传统应用，从前的业务助推器逐渐成为业务发展的阻碍。传统应用具有需求明确、功能全、覆盖面广等优势，但同时对稳定性的要求也特别高，难以响应市场的快速变化。在云计算、物联网、大数据、区块链等为代表的新一代信息技术的产生发展下，我国中小企业信息化建设也需要更多的先进科学技术去支撑。在这种企业信息化对企业应用要求日益紧迫的情形下，如何转换与调整传统应用建设成为企业发展难题。

> 万华化学提出了"双模IT"的建设思路。经过和路坦力计算机系统（北京）有限公司（Nutanix公司）的密切协作，万华化学建成了完整的企业云操作系统。该系统具有节约空间、部署迅速、线性扩展、管理简单快捷等优点，极大地提高了公司的经营管理水平，并逐步实现企业ERP、MES等稳态应用系统向支撑开源的应用容器引擎（Docker）、云原生应用等敏态应用系统的转变，万华化学顺利完成了企业的数字化转型。作为在化工新材料领域持续创新的代表性领头企业，万华化学数字化转型成功实践，无疑是新型数字化转型工具和信息技术价值的有效证明，并提示广大企业利用信息化手段打造符合企业自身情况的信息化新路径、数字化转型新方式的可行性。万华化工自身也通过数字化转型实现了显著的成长进步，可以称之为中国化工甚至中国制造业在数字化转型升级过程中的成功范例。

第九节　黑色金属冶炼和压延加工业

中国"黑色金属冶炼和压延加工业"主要包括炼铁业、炼钢业、钢压延加工业和铁合金冶炼业等，属于国家的基础产业，在实现国家工业化进程中发挥着不可缺少的作用。目前，中国是世界上最大的"黑色金属冶炼和压延加工业"产品生产国和消费国，也是最重要的出口国之一。但我国"黑色金属冶炼和压延加工业"发展较慢，工艺技术与国际水平还有很大差距；产品质量较差，生产效率较低，很难生产出符合高端要求的金属材料。因此，迫切需要了解该行业目前的创新发展情况，发现制约行业发展的关键因素。

中国"黑色金属冶炼和压延加工业"创新能力呈现缓慢上升态势。2010～2018年，中国该行业创新能力指数由8.91提高到13.97，年均增长5.79%；创新实力指数由7.52提高到9.82，年均增长3.40%；创新效力指数由10.29提高到18.12，年均增长7.32%，如图6-49所示。2018年，中国该行业R&D人员全时当量为70 198人年，R&D经费内部支出为661.73亿元，发明专利申请量为5227件，新产品销售收入为9044.68亿元。

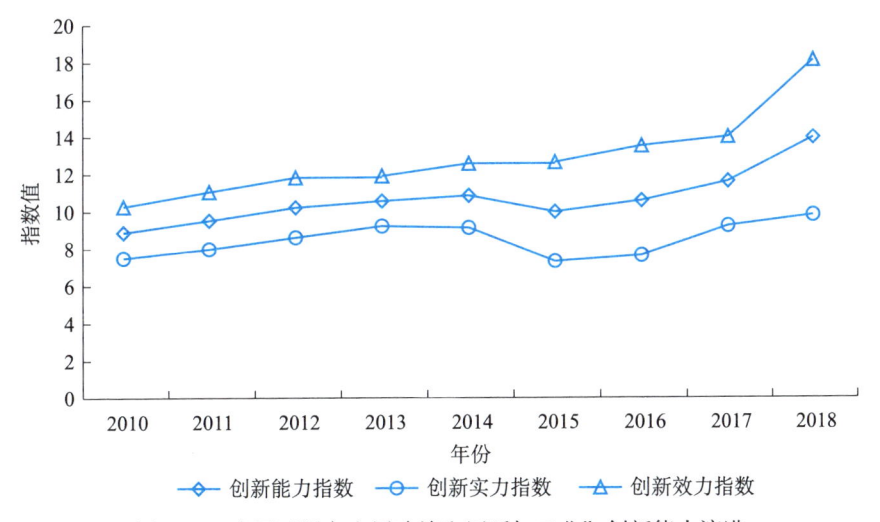

图6-49 中国"黑色金属冶炼和压延加工业"创新能力演进

2010~2018年，中国"黑色金属冶炼和压延加工业"创新实力指数上升主要得益于创新产出实力指数和创新影响实力指数的大幅提升，其年均增速分别达到9.79%和8.19%。与之相比，创新条件实力指数的上升幅度较小，年均增速为5.95%，创新投入实力指数出现负增长的情况，年均增速为-3.03%，如图6-50所示。在创新投入实力方面，2018年，R&D人员全时当量和R&D经费内部支出分别是2010年的1.03倍和1.65倍。在创新条件实力方面，2010~2018年，企业办研发机构仪器和设备原价由113.51亿元增加到335.23亿元，企业办研发机构数由394个增加到398个，发明专利拥有量由2836件增加到14 691件。在创新产出实力方面，2010~2018年，发明专利申请量由2102件增加到5227件，实用新型和外观设计专利申请量由3711件增加到6555件。

在创新影响实力方面，2018 年，新产品销售收入达到 9044.68 亿元，是 2010 年的 1.59 倍。

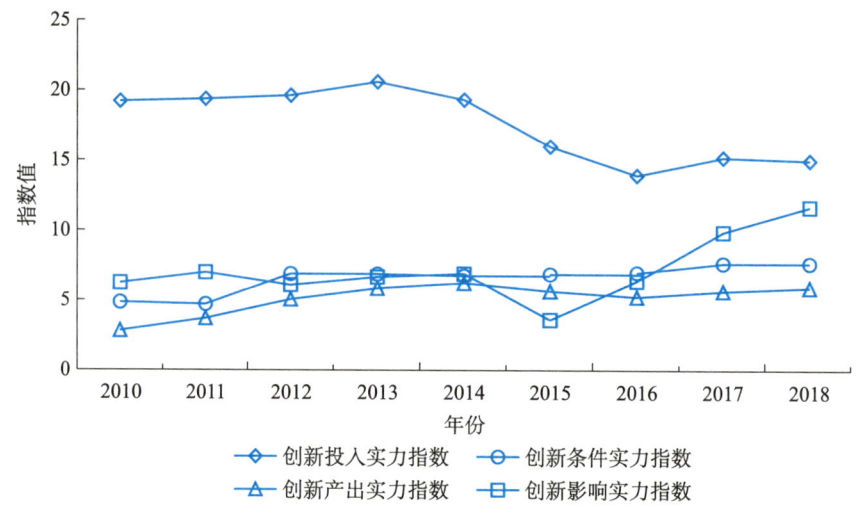

图 6-50 中国"黑色金属冶炼和压延加工业"创新实力演进

值得关注的是，2010～2018 年，中国"黑色金属冶炼和压延加工业"部分创新实力指标呈现下降态势。主要原因有以下几点：一是在技术消化吸收上的投入不足。2010～2018 年，消化吸收经费由 29.60 亿元下降至 0.55 亿元。二是研发人员数不足。企业办研发机构人员数由 54 951 人下降到 42 159 人。三是专利价值有待提升。专利所有权转让及许可收入由 2011 年的 1520 万元下降至 2017 年的 158 万元，下降幅度较大。

2010～2018 年，中国"黑色金属冶炼和压延加工业"创新效力指数提升主要得益于创新条件效力指数和创新产出效力指数的大幅提升，其年均增速分别为 16.37% 和 15.94%。与之相比，创新投入效力指数和创新影响效力指数的年均增速分别为 1.43% 和 2.58%，如图 6-51 所示。在创新投入效力方面，2018 年，R&D 人员全时当量占从业人员比例达到 2.45%，R&D 经费内部支出占主营业务收入比例达到 1.25%，有 R&D 活动的企业占全部企业比例达到 39.38%，分别是 2010 年的 1.00 倍、1.41 倍和 1.73

倍。在创新条件效力方面，2010~2018年，单位企业办研发机构人员数对应的企业办研发机构仪器和设备原价由20.66万元/人增加到79.51万元/人，企均有效发明专利数由2.40件增加到14.65件，设立研发机构的企业占全部企业的比例由22.04%增加到37.56%。在创新产出效力方面，2010~2018年，每万名R&D人员全时当量发明专利申请数由307.84件增加到744.61件，每亿元R&D经费发明专利申请量由5.23件增加到7.90件，每万名R&D人员全时当量实用新型和外观设计专利申请量由543.48件增加到933.79件，每亿元R&D经费实用新型和外观设计专利申请量由9.23件增加到9.91件。在创新影响效力方面，2018年，新产品开发支出与新产品销售收入比例达到7.89%，是2010年的1.06倍。

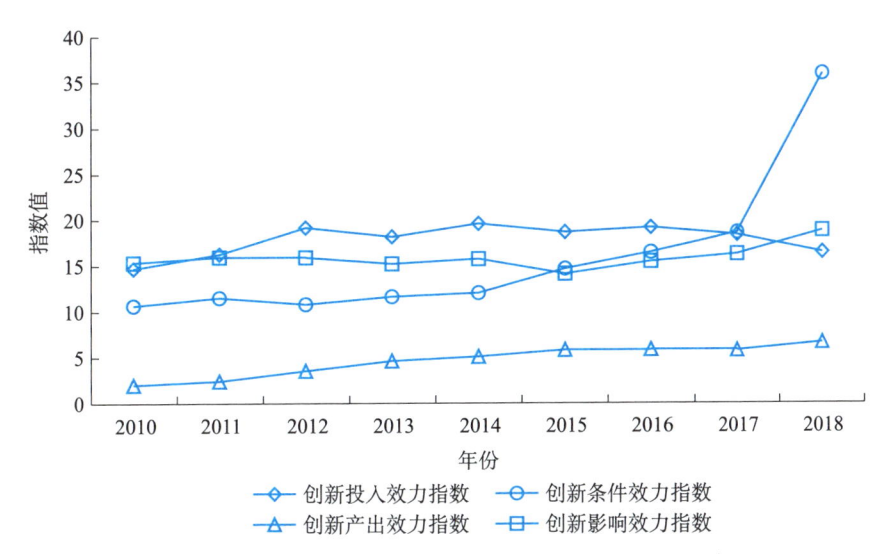

图6-51 中国"黑色金属冶炼和压延加工业"创新效力演进

值得注意的是，2010~2018年，中国"黑色金属冶炼和压延加工业"部分创新效力指标呈现下降态势。主要原因有以下几方面。一是该行业对技术消化吸收重视不足。2010~2018年，消化吸收经费与技术引进经费比例由70.72%下降至5.86%。二是新产品出口和销售相关指标有所下降。2010~2018年，新产品出口与新产品销售收入比例由7.65%下降至7.17%。三是该行业专利价值有待提升，每万名R&D人员全时当量专利所有权转让及许可收入由 2010 年的 161.62 万元下降至 157.21 万元。

从事金属冶炼、压延加工的世界领先企业往往也加工制造金属制品，如世界上最大的铁矿石生产商之一的安赛乐米塔尔集团在 19 个国家拥有炼钢设施，同时也生产板坯、热轧卷、冷轧卷、涂层钢制品；韩国浦项钢铁集团除经营炼钢厂之外，还生产包括热轧板、板材、线材、冷轧板、镀锌板和不锈钢等在内的产品。世界知名钢铁企业的业务往往包含着产业价值链的众多环节，很难区分究竟属于"金属制品业"还是"黑色金属冶炼和压延加工业"。因此，本书根据几家国际领先企业所从事的主要业务将其分至两个行业进行分析。

与国际领先企业相比，中国"黑色金属冶炼和压延加工业"的创新实力指标表现不一。从 R&D 经费内部支出来看，韩国浦项制铁公司、日本钢铁工程控股公司在 2018 年的 R&D 经费内部支出分别为 34.98 亿元、22.15 亿元，均不及中国"黑色金属冶炼和压延加工业"2018 年的 R&D 经费内部支出（661.73 亿元）。从发明专利拥有量来看，2018 年新日铁住金株式会社、日本钢铁工程控股公司的发明专利拥有量分别为 32 000 件、1140 件。2018 年，中国"黑色金属冶炼和压延加工业"整个行业的发明专利拥有量仅为 14 691 件，低于新日铁住金株式会社的专利拥有量。中国"黑色金属冶炼和压延加工业"的部分创新实力指标有待进一步提高。

从创新效力角度而言，中国"黑色金属冶炼和压延加工业"在单位从业人员利润和 R&D 经费内部支出占主营业务收入比例两项指标上与国际领先企业相比，表现不一。2018 年，世界知名企业韩国浦项制铁公司、新日铁住金株式会社、日本钢铁工程控股公司的单位从业人员利润分别为 52.72 万元 / 人、14.08 万元 / 人、20.15 万元 / 人，均高于中国"黑色金属冶炼和压延加工业"的单位从业人员利润（13.41 万元 / 人）。就 R&D 经费内部支出占主营业务收入比例而言，韩国浦项制铁公司、日本钢铁工程控股公司分别为0.90%、0.96%，分别为中国"黑色金属冶炼和压延加工业"（1.25%）的0.72、0.76倍，R&D经费内部支出占主营业务收入比例均不及中国"黑色金属冶炼和压延加工业"[①]。

如图6-52所示，2010～2017年，中国"黑色金属冶炼和压延加工业"激励指数变化较为平稳，但在2018年增长迅速。2010～2018年，中国该行业的激励指数由5.58上升至10.17，年均增速为7.79%。其中，2018年激励指数上升明显，同比上升113.18%。2010～2018年，研究开发费用加计扣除减免税由152 463万元上升至236 420万元，高新技术企业减免税由108 327万元上升至333 138万元，R&D经费内部支出中政府资金由53 986万元下降至35 115万元，如图6-53所示。具体而言，研究开发费用加计扣除减免税在2018年上升较为迅速，同比上升88.21%；高新技术企业减免税在2018年上升较为迅速，同比上升245.77%；R&D经费内部支出中政府资金在2012年上升较为迅速，同比上升70.89%，如图6-54所示。

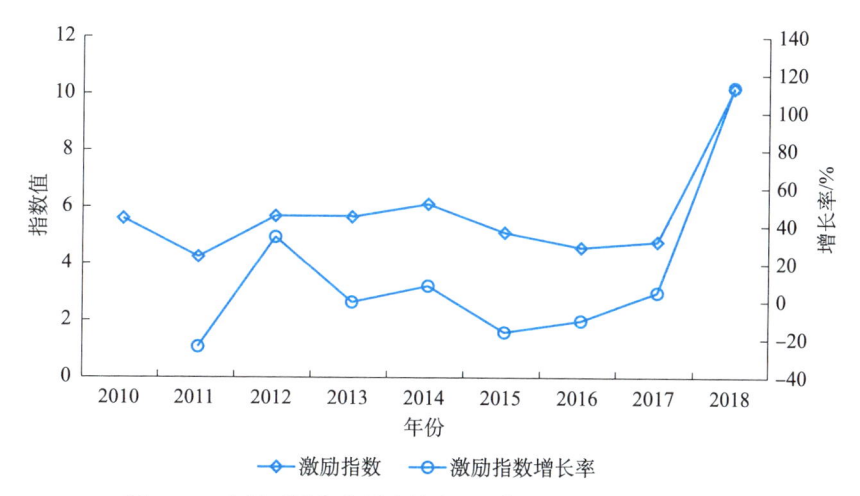

图6-52 中国"黑色金属冶炼和压延加工业"激励指数演进

[①] 数据来源为企业年报、《财富》中文网及其他公开资料；汇率根据中国人民银行2018年12月公布的数据折算。

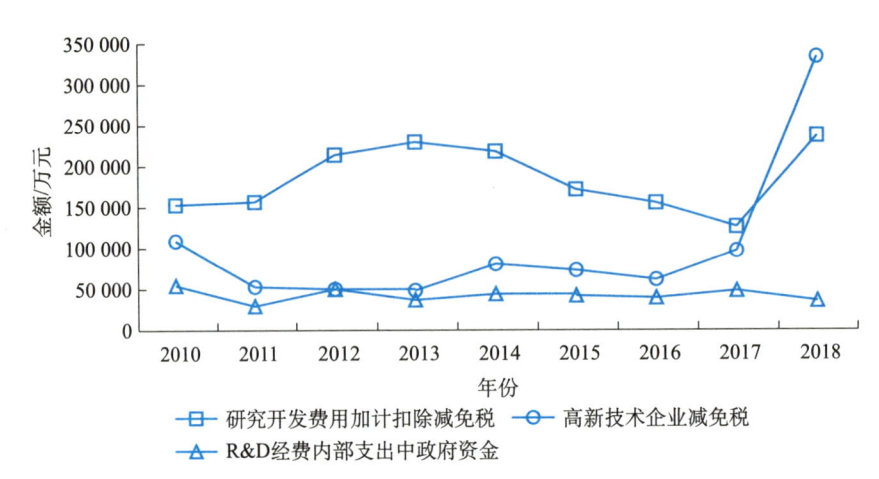

图 6-53 中国"黑色金属冶炼和压延加工业"激励指数具体指标演进

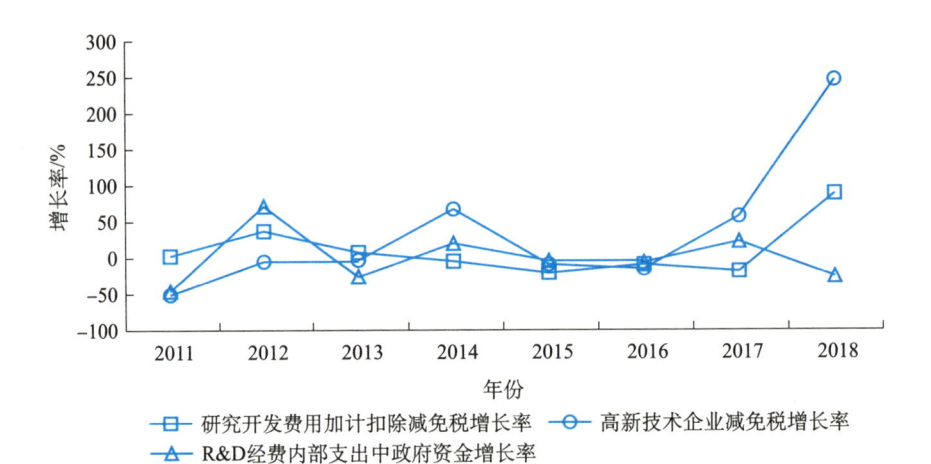

图 6-54 中国"黑色金属冶炼和压延加工业"激励指数具体指标增长率演进

专栏：鞍山钢铁集团有限公司

鞍山钢铁集团有限公司（下文简称鞍钢）的成立最早可追溯至20世纪初，后在中华人民共和国成立时恢复生产，并于2010年5月与攀钢集团有限公司（下文简称攀钢）重组成为如今的大型联合钢铁集团。鞍钢是中华人民共和国成立以来率先投入生产和建设的钢铁公司，在国家钢铁事业的兴起和发展中发挥着奠基者和先行者的重要作用。鞍钢的发展历程，是中国制造一路蜕变与发展壮大的缩影。

中华人民共和国成立初期：以"鞍钢宪法"为载体，完成技术追赶

1949年7月9日，鞍钢举行开工典礼，中华人民共和国首个大型钢铁企业在百废待兴之时恢复建设。中华人民共和国成立初期，国家缺乏现代工业基础，研发力量和资金严重不足，鞍钢的技术创新发展只能采取对苏联钢铁技术的引进、消化、吸收和再创新的模式来逐步积累技术能力，提高研究水平。针对技术人员匮乏、生产设备落后的问题，鞍钢发起了面向广大工人群众的广泛而深入的技术革新和技术革命运动，与"两参一改三结合"相结合，共同构成了"鞍钢宪法"的核心内容，成为这一时期鞍钢技术创新重要的载体和形式。

在以"鞍钢宪法"为载体的创新模式的指导下，鞍钢在1949~1951年的三年恢复时期累计生产铁211万吨、钢191.9万吨、钢材109.9万吨[1]，均超过全国总产量的45%，是中华人民共和国成立初期的钢铁生产主要贡献者，并且在一些技术指标上处于当时世界领先水平。

改革开放：原始创新与集成创新常态化，引领技术创新

改革开放后，鞍钢建立了现代企业制度，逐步成为技术创新的主体。"六五"到"八五"期间，鞍钢大刀阔斧开展技术改造，生产效率和产品品质把控方面有了大幅提升；进入"九五"以后，鞍钢开始追求原始创新，对公司生产基地的东区、西区、鲅鱼圈钢铁新区等进行了全新的区域统筹规划，开辟了一条具有鞍钢特色的高投入回报比的技术改革之路。2000年5月，鞍钢自主开发的1780热轧带钢生产线竣工投产，产品质量、成材率、能耗等主要经济指标均达到了世界先进水平，在国内外市场供不应求。

在技术创新模式上，鞍钢不满足于引进、消化与吸收基础上的再创

---

[1] 鞍钢集团党委宣传部. 长子鞍钢 钢铁脊梁. 冶金企业文化, 2019, (4): 14-16.

新，集成创新和原始创新成为鞍钢技术创新的常态模式；在技术创新特点上，鞍钢从单一技术创新转变为集约化技术创新，创新要素良性互动，技术创新实现了绿色转向；在技术创新能力上，鞍钢从核心技术的"追赶者"转变为核心技术的"领跑者"，技术创新能力大幅度提高，技术创新成效显著，在2008年被命名为国家首批"创新型企业"。

全新时代：打造产业发展新格局，创新成就突破

2010年5月，鞍钢与攀钢重组，成立鞍钢集团有限公司，大型钢铁集团由此诞生，公司的规模和生产能力显著提升。面对新的发展阶段，鞍钢意识到自主创新是企业发展关键，因此将其摆在战略核心位置，高度重视创新驱动发展战略的顶层设计，以谋求更加全面多元和突破颠覆的创新成果。2013年，鞍钢首次党代会提出要重点抓好的"四个建设"，其中明确提出要建设"创新鞍钢"。2016年，鞍钢在其"十三五"战略规划中多次强调了创新驱动发展的战略，提出当期计划是"到2020年建设成为拥有一定自主创新能力的大型钢铁联合企业"。2017年，面对经济发展新常态和钢铁行业冰冻期的双重考验，鞍钢又提出在未来3年内逐步实现"631"业发展格局的设想，即调整钢铁产业、非钢产业、资源产业（矿业、钒钛）等三大产业的营业收入比重，其中钢铁主业占比达到60%，其余两个产业的占比分别为30%、10%左右[1]。鞍钢集团以创新驱动发展，以"631"产业发展新格局为前进方向，促使公司各业务之间形成有效协同，非钢产业和资源产业的壮大为钢铁主业的创新发展创造了条件。

2017年，鞍钢集团先后确立了两批24项科技研发项目，并且签订对外技术合同62项[2]，以项目和合同的形式全面展开创新活动。由此，鞍钢集团逐渐在先进技术掌握和高端产品供给上走在国家和世界的前列。例如，独家供货全球首个"华龙一号"示范工程——福清5号核电机组首台发电机组反应堆压力容器支撑用钢；FH550超高强海工钢首次批量供货国家"蓝鲸1号"工程，成为国内唯一具备F级超高强海工钢供货资质的钢

---

[1] 鞍钢日报.新格局 新航向 新发展.http://www.ansteel.cn/kechixufazhan/chuangxinshijian/2017-06-06/2667.html.

[2] 鞍钢日报.鞍钢集团强化创新驱动：创新引擎焕发活力.https://www.sohu.com/a/214753878_690193.

企，助力我国可燃冰试采成功……① 此外，鞍钢集团还积极拥抱时代变化，主动引入"互联网+"，致力于传统产业转型升级，在攀钢子公司积微物联成立"达海产业园"和"积微电商"，打造了线下线上联合发展的联合发展模式。

从产品到技术，从制造到服务，鞍钢集团自主创新能力明显提升，核心竞争力显著增强。鞍钢集团2019年度报告显示：2020年4月，鞍钢入选国务院国有资产监督管理委员会"科改示范企业"名单；同年8月，鞍钢以2019年人民币1187.64亿元的营业收入总额②第七次跻身世界500强。收获成绩的同时，鞍钢也在向前展望。2020年6月，鞍钢确定了未来五年发展战略、奋斗目标，将着力于在关键核心技术、集约化发展、减量化发展、行业占有率、绿色稳健发展等六个方面上实现新突破，努力成为具备最强竞争力的行业标杆。

第十节　金属制品业

中国"金属制品业"创新能力呈现平稳上升态势。2010~2018年，中国该行业创新能力指数由8.36提高到12.93，年均增速达到5.60%；创新实力指数由3.19提高到7.70，年均增长11.64%；创新效力指数由13.53提高到18.17，年均增长3.75%，如图6-55所示。2018年，中国该行业R&D人员全时当量为63 064人年，R&D经费内部支出达到215.08亿元，发明专利申请量为4593件，新产品销售收入为3217.31亿元。

---

① 周军. 鞍钢：不断焕发创新活力. http://www.csteelnews.com/special/1952/1956/201801/t20180112_358673.html.
② 数据来源：鞍钢股份有限公司2019年度报告。

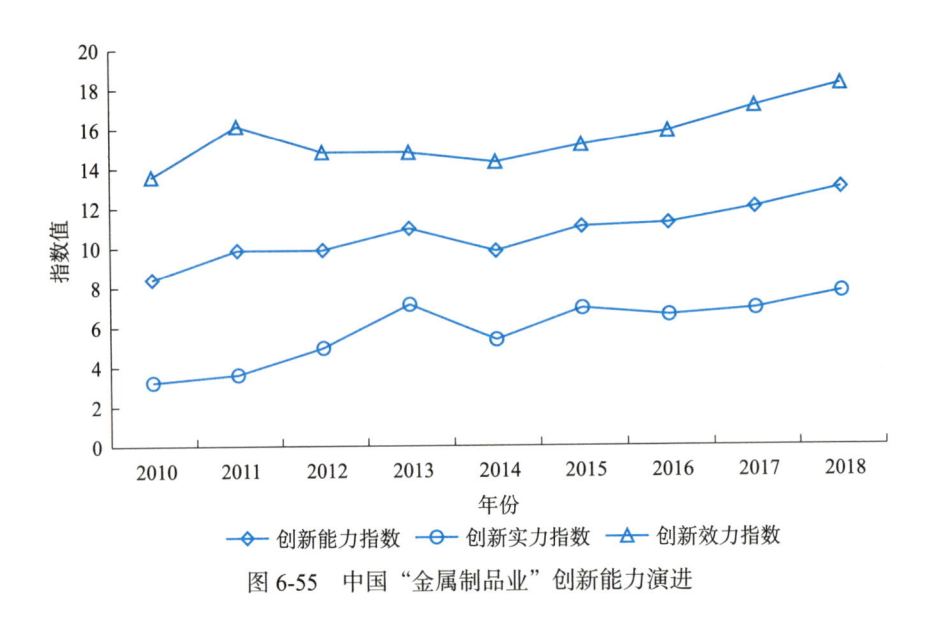

图 6-55　中国"金属制品业"创新能力演进

2010~2018年，中国"金属制品业"创新实力指数上升速度较快，主要得益于创新投入实力指数、创新条件实力指数、创新产出实力指数的大幅度提升，年均增速分别为11.53%、14.89%、14.01%。与之相比，创新影响实力指数上升幅度略小，年均增速为5.74%，如图6-56所示。在创新投入实力方面，2018年，R&D人员全时当量和R&D经费内部支出分别是2010年的2.39倍和3.48倍。在创新条件实力方面，2010~2018年，企业办研发机构仪器和设备原价由29.86亿元增加到207.43亿元，企业办研发机构数由525个增加到1265个，发明专利拥有量由2420件增加到17 920件，企业办研发机构人员数由30 982人增加到69 203人。在创新产出实力方面，2010~2018年，发明专利申请量由1170件增加到4593件，实用新型和外观设计专利申请量由4185件增加到9878件。在创新影响实力方面，2018年，利润总额达到7960.00亿元，新产品出口达到662.43亿元，新产品销售收入达到3217.31亿元，分别是2010年的1.38倍、4.17倍和3.50倍。

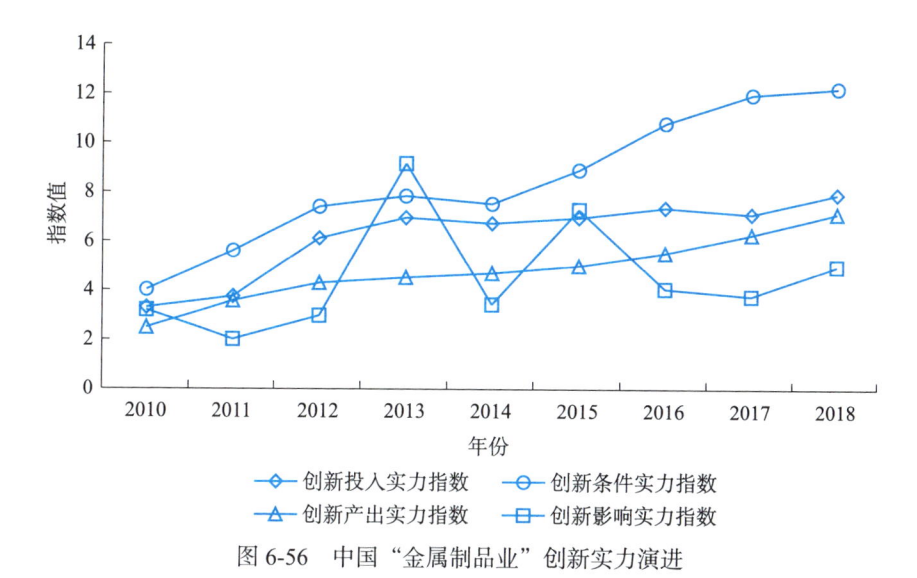

图 6-56 中国"金属制品业"创新实力演进

值得关注的是，2010~2018 年，中国"金属制品业"在技术消化吸收上的投入不足，消化吸收经费由 2.05 亿元下降至 0.61 亿元。此外，中国该行业的专利价值有待稳定提升，专利所有权转让及许可收入由 2011 年的 16 万元上升到 2013 年的 19 311 万元，2017 年下降为 909 万元，波动幅度明显。

2010~2018 年，中国"金属制品业"创新效力指数整体小幅提升，主要得益于创新投入效力指数和创新条件效力指数的快速提升。2010~2018 年，中国该行业创新投入效力指数、创新条件效力指数的年均增速分别为 7.94%、10.90%，与之相比，创新产出效力指数和创新影响效力指数的年均增速较慢，分别为 1.03% 和 1.47%，如图 6-57 所示。在创新投入效力方面，2018 年，R&D 人员全时当量占从业人员比例达到 3.70%，R&D 经费内部支出占主营业务收入比例达到 1.60%，有 R&D 活动的企业占全部企业比例达到 48.51%，分别是 2010 年的 1.20 倍、1.82 倍和 1.80 倍。在创新条件效力方面，2010~2018 年，单位企业办研发机构人员数对应的企业办研发机构仪器和设备原价由 9.64 万元/人增加到 29.97 万元/人，企均有效发明专利数由 1.52 件增加到 6.66

件，设立研发机构的企业占全部企业的比例由 25.42% 增加到 25.52%。在创新产出效力方面，2010~2018 年，每万名 R&D 人员全时当量发明专利申请数由 443.08 件增加到 728.31 件。在创新影响效力方面，2018 年，单位能耗对应的利润总额达到 1804.48 万元 / 万吨标准煤，单位从业人员利润达到 4.67 万元 / 人，新产品开发支出与新产品销售收入比例达到 7.45%，新产品销售收入占主营业务收入比例达到 23.89%，分别是 2010 年的 1.13 倍、1.03 倍、0.96 倍和 1.83 倍。

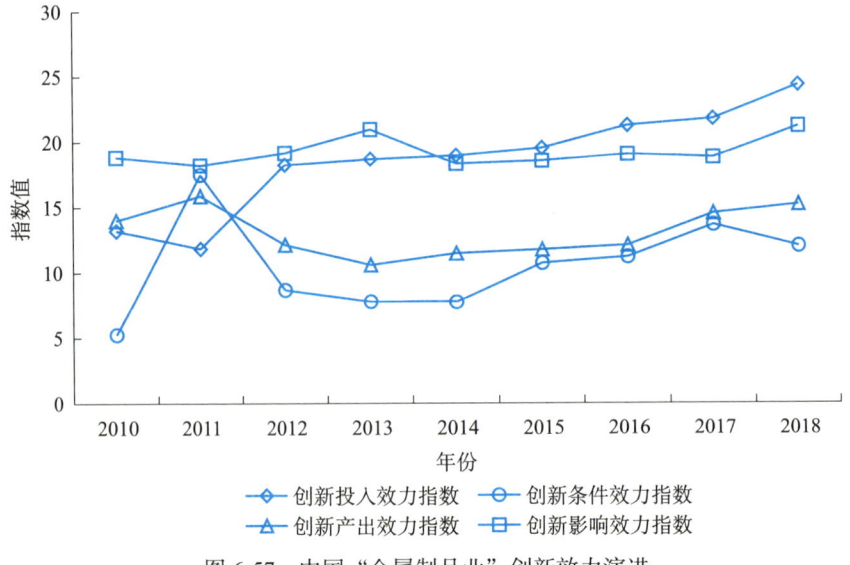

图 6-57 中国"金属制品业"创新效力演进

值得注意的是，2010~2018 年，中国"金属制品业"部分创新效力指标呈现下降态势。主要原因有以下几方面。一是该行业对新产品开发支出不足。2010~2018 年，新产品开发支出与新产品销售收入比例由 7.79% 下降至 7.45%。二是部分专利和专利所有权转让及许可收入相关的创新产出和影响效力指标下降明显。2010~2018 年，每万名 R&D 人员全时当量实用新型和外观设计专利申请量由 1584.87 件下降到 1566.35 件，每亿元 R&D 经费实用新型和外观设计专利申请量由 67.66 件下降至 45.93 件，每万名 R&D 人员全时当量专利所有权转让及许可收入由 2010 年的 1904.85 万元下降至 2018 年的 797.59 万元。

与国际领先企业相比，中国"金属制品业"的创新实力指标表现不一。从R&D经费内部支出来看，2018年，安赛乐米塔尔集团、蒂森克虏伯股份公司和美铝公司的R&D经费内部支出分别为19.19亿元、61.40亿元和2.05亿元，均不及中国"金属制品业"的R&D经费内部支出（215.08亿元）。从专利申请量和拥有量指标来看，2018年美铝公司的专利拥有量约为720件，专利申请量为300件。蒂森克虏伯股份公司在2018财年发明专利和实用新型拥有量达20 700件，而2018年中国"金属制品业"整个行业的发明专利拥有量仅为17 920件。中国"金属制品业"的部分创新实力指标有待进一步提高。

从创新效力角度而言，中国"金属制品业"在单位从业人员利润和R&D经费内部支出占主营业务收入比例两项指标上与国际领先企业相比表现不一。2018年，世界知名企业安赛乐米塔尔集团、蒂森克虏伯股份公司、美铝公司的单位从业人员利润分别为29.12万元/人、2.72万元/人、75.49万元/人[①]。除蒂森克虏伯股份公司以外，安赛乐米塔尔集团、美铝公司的单位从业人员利润均远高于中国"金属制品业"的单位从业人员利润（4.67万元/人）。就R&D经费内部支出占主营业务收入比例而言，安赛乐米塔尔集团、蒂森克虏伯股份有限公司以及美铝公司分别为0.38%、1.89%和0.23%，分别为中国"金属制品业"（1.60%）的0.24倍、1.18倍、0.14倍。除蒂森克虏伯股份公司以外，安赛乐米塔尔集团、美铝公司的R&D经费内部支出占主营业务收入比例均不及中国"金属制品业"。

2010～2018年，中国"金属制品业"激励指数提升较为明显，由2.25上升至7.51，年均增速达到16.24%。其中，2012年，激励指数增长较为明显，同比增长81.21%，如图6-58所示。2010～2018年，研究开发费用加计扣除减免税由20 727万元上升至148 549万元，高新技术企业减免税由82 047万元上升至238 228万元，R&D经费内部支出中政府资金由29 085万元上升至53 257万元，2018年的上述指标分

---

① 数据来源为企业年报、《财富》中文网及其他公开资料；汇率根据中国人民银行2018年12月公布的数据折算。

别是 2010 年的 7.17 倍、2.90 倍和 1.83 倍,如图 6-59 所示。具体而言,研究开发费用加计扣除减免税在 2011 年增长较为迅速,同比增长为 130.48%;高新技术企业减免税在 2015 年和 2018 年增长较为迅速,分别同比增长 31.93% 和 37.41%,R&D 经费内部支出中政府资金在 2012 年增长较为迅速,同比增长 373.02%,如图 6-60 所示。

图 6-58 中国"金属制品业"激励指数演进

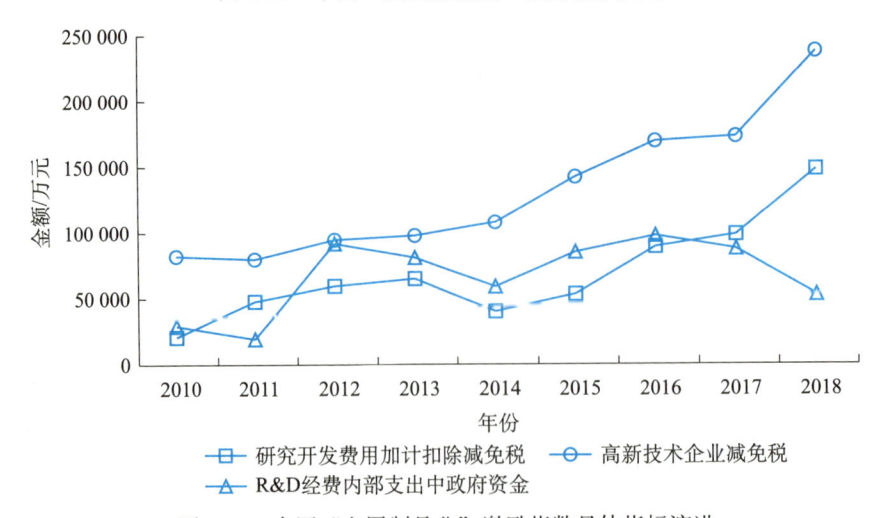

图 6-59 中国"金属制品业"激励指数具体指标演进

第六章　中国制造业重点行业创新能力和创新激励政策演进

图 6-60　中国"金属制品业"激励指数具体指标增长率演进

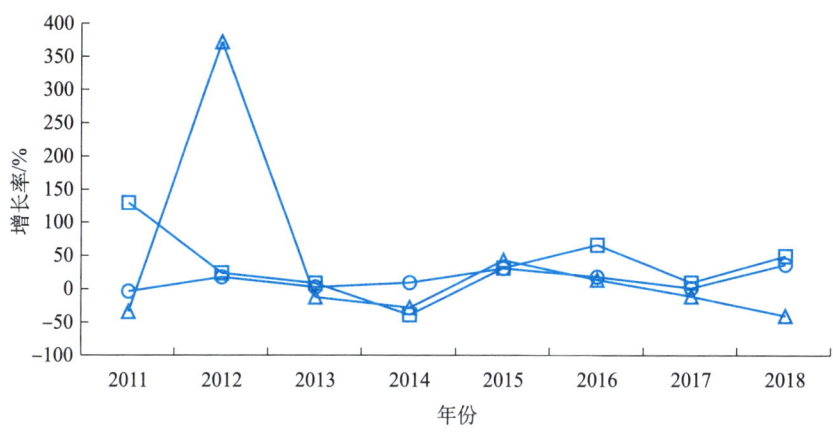

专栏：浙江杭萧钢构股份有限公司

浙江杭萧钢构股份有限公司（下文简称杭萧钢构）成立于1994年，前身为萧山市（现萧山区）长山金属钣厂，2000年改制为股份有限公司。杭萧钢构不仅是中国上市公司中首家钢结构企业，还是同类钢结构企业中第一批住房和城乡建设部定点企业。作为行业翘楚，杭萧钢构还进入了全国民营企业500强。杭萧钢构的主营业务以钢结构为主，产品包括相对简单的轻型钢结构，与钢结构配套的成片墙板或楼板，现代复杂工艺下的多层或超高层钢结构、空间钢结构，以及朝一体式发展的钢结构住宅等。

专注钢结构，技术创新开启发展快车道

1996年之前，杭萧钢构涉猎范围甚广，产品遍布机械、锅炉钢架、建筑钢结构等领域。1996年之后，杭萧钢构调整了公司发展战略，特别是对产品结构进行了收束，专注于建筑钢结构的设计、制造和安装。技术、管理和人才是杭萧钢构关注的重点，其花费了很大力气对这些方面进行提升。在产品技术方面，杭萧钢构没有止步于其招牌产品轻型钢结构，而是不断进取，研发出应用于高层钢结构建筑的矩形钢管砼管。杭萧钢构研发的矩形钢管砼管质量在国内同类产品中名列前茅，这为杭萧钢构在多层/超高层钢结构、空间钢业务领域占据领先地位奠定了基础。2003年，杭萧钢构成功上市，进入发展高速期。拥有国家级企业技术中心认定的杭萧钢构，将技术创新带动发展奉为圭臬。2004年，杭萧钢构在是同类企业中首家通过"国家火炬计划重点高新技术企业"认定。杭萧钢构拥有强大的产学研网络，研发投入累计超20亿，在技术创新上势头强劲。在钢结构住宅体系技术创新领域，杭萧钢构在国内一直独占鳌头，拥有多项专利，包括钢结构住宅体系专属的钢结构知识产权，以及系统成套的钢结构住宅体系相关成果等。目前，杭萧钢构的钢结构住宅体系技术已经发展到第三代，升级成为钢管混凝土束结构，相应的住宅体系也已投入应用。相关研究项目获得了2017年度浙江省科学技术进步奖二等奖。2019年杭萧钢构新获专利31项，累计在钢管混凝土束结构住宅体系领域获得123项相关专利，其中包括发明专利16项。杭萧钢构在技术上通过渐进式创新，持续巩固自身在建筑钢结构领域的领先地位。

杭萧钢构技术创新的探索永不止步。其生产的钢结构产品遍布全国，甚至走向海外，应用到德国法兰克福空铁中心、卡塔尔多哈国际机场等一大批海外项目，样板工程覆盖40多个行业，遍布德国、冰岛、印度、新加坡等全球60多个国家和地区。杭萧钢构的持续技术创新模式广受业内同行、专家好评。

"互联网+"平台，转向绿色智能之路

杭萧钢构深耕钢结构领域30余年，不断寻求突破。从2014年起，杭萧钢构进行商业模式创新，就技术创新研发、专利推广应用，围绕资源实施许可制定了"技术+品牌+服务"的新战略。2018年，杭萧钢构为转型升级和降本增效，投资设立了万郡绿建科技股份有限公司（下文简称万郡绿建）。

万郡绿建的成立对于杭萧钢构来说是一个里程碑，标志着杭萧钢构开启数字化转型，走上绿色智能发展道路。研发创新依然是重要手段，杭萧钢构以此重构企业的价值网络，以全生命周期为目标，从钢结构行业到建

筑行业实现产业模块化的、绿色智能的绿色运维。依托万郡绿建，杭萧钢构将给出传统企业与互联网相融合的数字化路径，实现数字赋能产业，产业聚合共赢。

数字赋能还推动了杭萧钢构内部的智能化建设。2020年，杭萧钢构与北京大学信息技术高等研究院展开跨行业、跨学科的合作，联合建立绿色智能建筑工业互联网联合实验室。实验室将基于深度学习、人工智能等技术，推动工艺创新，实现钢结构柔性生产；以大数据和人工智能技术，融合企业运营的全链条数据，构建集团级云端大数据平台和相应的财务、人力、制造、采购等管理决策模型，形成生产管理、物料管理、采购管理等一系列企业数字化管理决策能力。杭萧钢构云端平台的数字化生产、管理和产品服务将进一步赋能行业内的相关企业，实现上下游企业的业务流、资金流、物流等数据信息在万郡绿建平台的完整聚集，形成行业数据资产，确立杭萧钢构的行业数据中心地位。

目前，杭萧钢构构建的产融新模式涵盖制造、设计、绿建和电商四方面，并顺应数智网络双结合的形式转型升级。未来，依托万郡绿建B2B平台，杭萧钢构将利用"互联网+"，在智能制造应用领域形成示范作用，集成钢结构在内的建材产业生态圈，推动钢结构行业，甚至制造业向数字化、智能化、环保化发展。